TEPPAN GAMES
鉄板釣魚

イカ王
重見典宏

釣れない時代のアオリイカエギング処方箋

つり人社

目次

TEPPAN GAMES 鉄板釣魚

イカ王　重見典宏
釣れない時代の
アオリイカ
エギング処方箋

監修　重見典宏
編集　高崎冬樹
イラスト　山本ノラ

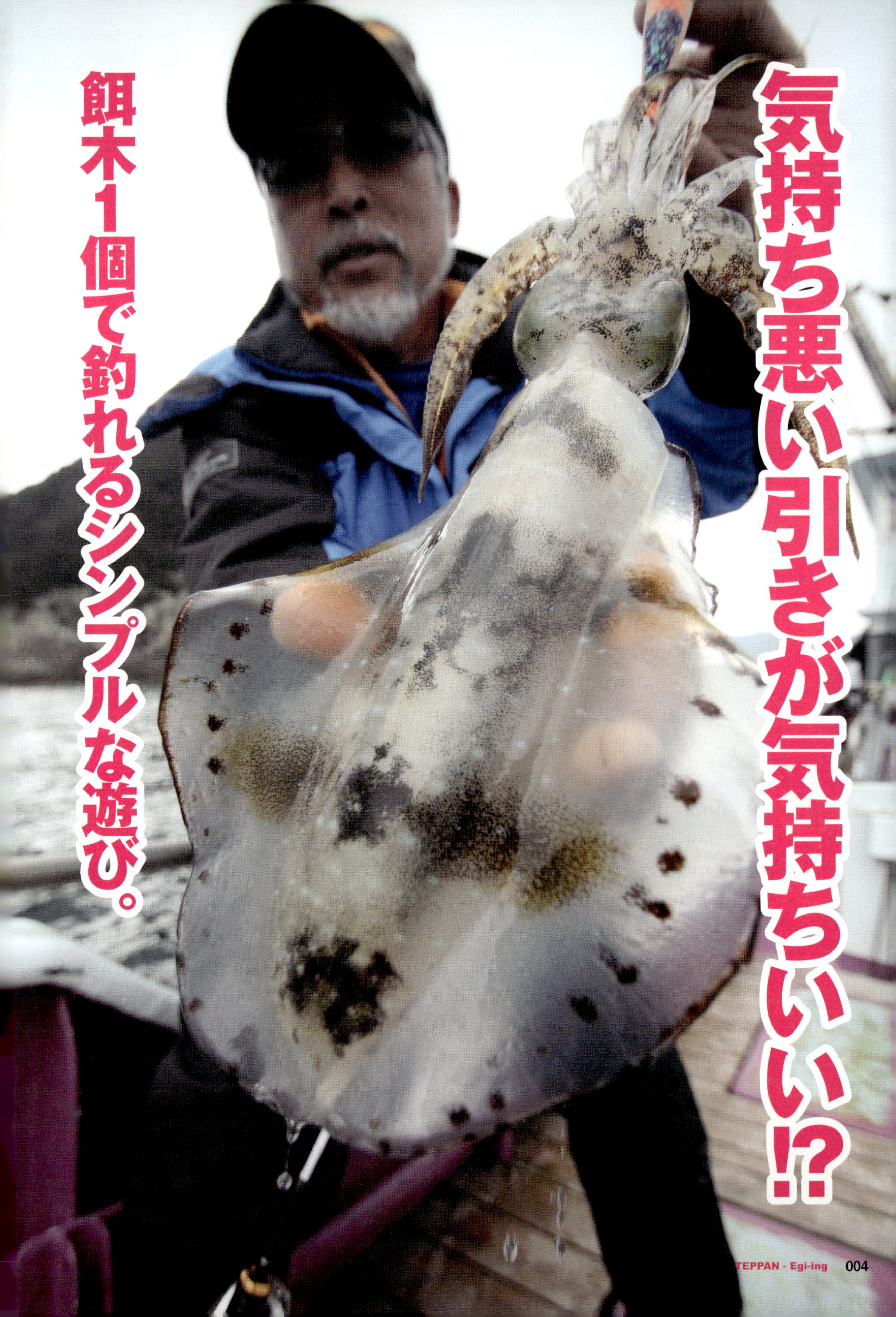

気持ち悪い引きが気持ちいい!?

餌木1個で釣れるシンプルな遊び。

ぶっちゃけ 重見典宏 イズム。

**「釣れない時代」とささやかれる昨今のアオリイカ釣り。果たしてそれは本当か？

ボヤキを入れるアングラーの大部分はこの釣りにおいて最も大切な
「釣るための基礎」を見失っているか、あるいは知らずにロッドを振っているのではないだろうか。

迷わず。おごらず。シンプルかつマヤカシなしの合理的アプローチこそ重見流アオリイカ釣りの真骨頂。

アナタの釣りを「釣れる釣り」に変えるストロングなエッセンスに括目せよ。**

エギングの魅力は第
一に非常に手軽な
釣りだということ。
イトの先に餌木を1個付け
るだけで釣れるわけだから。
おおざっぱにいうと、すべて
の楽しさがその1点に集約
されていると思う。食べて美
味しい、料理が簡単というこ
ともある。さらに魅力という
ならば魚とは違う気持ち悪
い（？）引きをすること。一
方的にギューンと引く魚と
違いイカはのた～っとした
行ったり来たりの引き。大き
くなればなるほど、そのスト
ロークも大きくなり、それが
よい意味で「気持ち悪ぅ～
と思ったのが、エギングにハ
マった個人的な理由。
　エギングを始めた当時、シ
イラも釣っていたからなお
さらだ。シイラの一方的で暴
力的な引きに対しアオリイ
カは引いては止まり息継ぎ
するのが新鮮だったのだ。長
年やってきてその引きにも
慣れたから、今ではそれほど
気持ち悪さは感じなくなっ
たので掛かればリールを巻
くだけ。しかし大型が掛かれ
ば「おっ、巻かれへんやん
というのは現在でも面白い
と感じる部分だ。

餌木のアクションなんて、まったく関係ないから
気にしない。

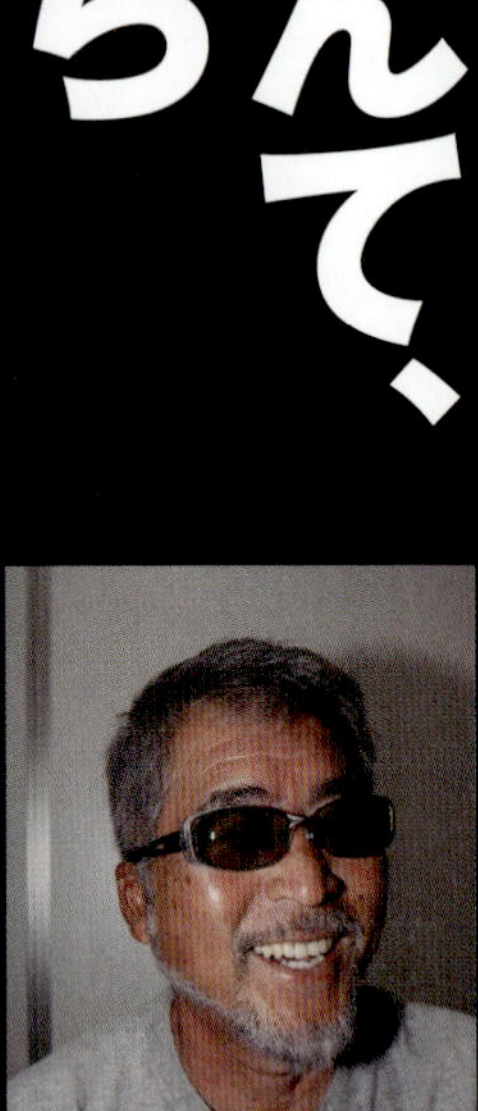

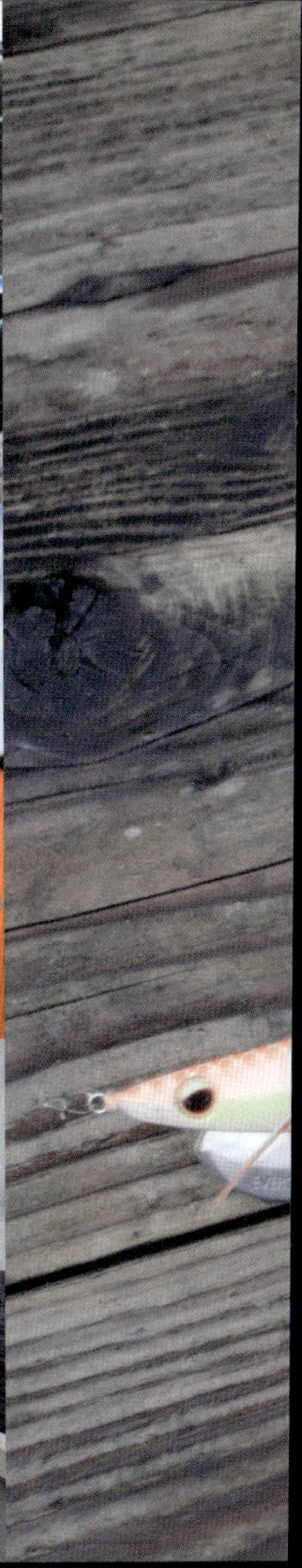

餌木をアクションさせるのが楽しいかというと、まったくそうではなくて餌木メーカー10社あれば10社とも動きは違うが、結局どの餌木でもアオリイカが乗ってくるのはフォールの時なので、どう動かそうとあまり関係ないし、餌木のアクション自体を気にしたこともない。

　たとえばパターン1とパターン2の餌木の動かし方があって1では釣れず2で釣れたとしても、1の動きの時にそこにはイカがおらず、2で動かした時たまたまそこにイカがいただけ……というのが僕の考え方。餌木の動きが違うから釣れたのではないと思うのだ。つまりシャクリで跳ね上げる行為はアオリイカにアピールする手段ではあるが、その動きがどうあれフォール中に変な動きをさせないかぎりアオリイカは釣れるということだ。

　どん欲なアオリイカは目の前に落ちる餌木があれば、たとえエサの魚を食っている時でも余った腕を伸ばす。ということはシャクリ方など、どうでもよいという話なのである。とにかく餌木を引き上げないとフォールしない、引き上げないと根掛かりする、というのがエギングの核心なのだ。

どん欲なアオリイカは
目の前に落ちる餌木があれば、
たとえエサの魚を食っている時でも
余った腕を伸ばす。

……ということはシャクリ方など、

実はどうでも
よいのである。

「持ち上げられた餌木は必ずフォールする」何段シャクリでも真理は同じ。

とにかく餌木を引き上げないとフォールしない。引き上げないと根掛かりする。

これこそがエギングの核心なのだ。

餌木の持ち上げ幅にも、特に決まったルールはない。たとえば餌木が重く感じられる潮が効いたレンジまでシャクリを続けることがある。リールを巻いて大幅に引き上げることもある。しかし、あくまでもこれらは餌木をイカが釣れるレンジまで引き上げるという行為なのだ。

同様に1段より2段シャクリのほうが釣れる、さらに3段シャクリのほうがアピール力が高い……ということではなく、潮が効いているレンジに餌木を引き上げるために2段でシャクる、イカが釣れるレンジに餌木を持っていくために状況によっては3段シャクリが必要ということだ。わずかなシャクリ幅でもイカがそこにいれば釣れる。つまり実際に釣ってみないと分からない。すべては自分の感覚だ。

潮がよく流れる島根の大社の磯では、上層から流れが効いたレンジを探しながら餌木を流し込んで釣っていくこともある。いわゆるドリフトの釣りだ。ただ、僕の場合、大型はボトム付近にいると思っているのであくまでも底付近のレンジを重点的に釣る。釣り方は十人十色でみんな違うし、どれが正解でもない。餌木メーカーが違えば、それぞれ餌木の動きも違う。共通するのはどんなアクションをしようが「持ち上げられた餌木は必ずフォールする」ということ。エギングの真理はこれにつきる。

さらなる釣果を引き出すEGI-ING TACKLES

重見典宏 御用達アイテム

餌木とロッドとリール、ラインにリーダーさえあれば釣りが成立するエギングはシンプルな釣り。それだけに道具類は信頼できるものを選びたい。子供の頃から餌木釣りに親しんだ重見さんのお眼鏡にかなったタックルたちがコレ。まずは肝心要の餌木から！

餌木

●エギ番長
（エバーグリーンインターナショナル）

「誰にでも簡単に扱え、キレのあるダートと美しいフォーリングが特徴」をコンセプトに重見さんが開発に携わった『エギ番長』はＸＳ（エクストラスローシンキング）、ノーマルシンキング、Ｄ（ファストシンキング）、ＸＤ（エクストラファストシンキング）の４アイテム。サイズはＸＳが３．５号のみ、ノーマルシンキングは２．５、３、３．５、４号、Ｄは３、３．５、４号、ＸＤも３．５号のみ。重見さんはスナップを使用せずリーダーを直結している

エギ番長3.5XS

エギ番長3.5

エギ番長3.5D

エギ番長3.5XD

エギ番長4.5

エギ番長3.5

エギ番長3

エギ番長2.5

●ドリフト番長
(エバーグリーンインターナショナル)

ドリフト番長は誰が使っても楽に流れに乗せてドリフトしやすい形状を持つ。フォールに転じる前にテンションをかけることにより数秒間の水中姿勢をナチュラルな水平状態からやや頭を下げ、流れに乗せてポイントまでドリフトさせやすくなっている。またノーズ上にアイが3つ並んでおり、後方のアイにリーダーを結ぶほどダートしやすくなる。この餌木を使う場合はスナップを使用すると能率的。3号、3.5号の2サイズで、ともにノーマルシンキング

ドリフト番長3.5

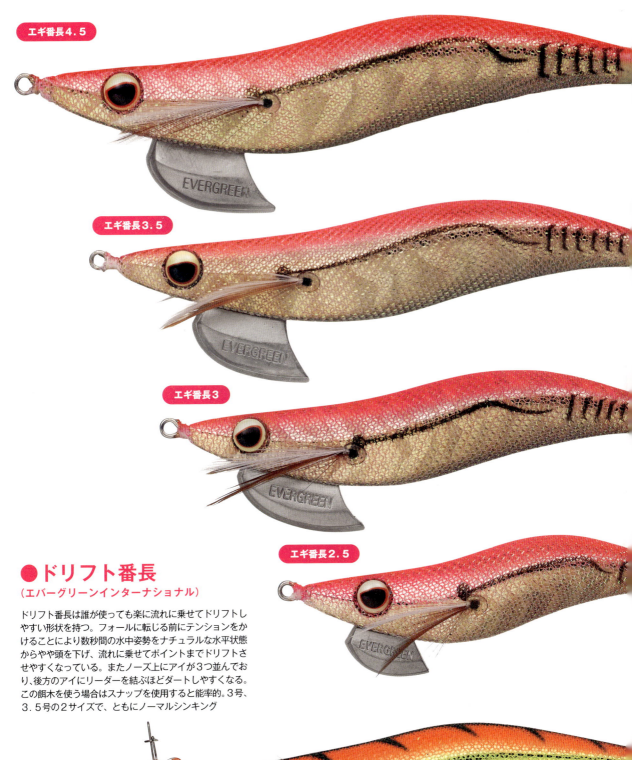

餌木を投げて動かしアオリイカのアタリを取り、掛けて引き寄せるのがロッドの役目。

自分の腕の延長だから軽快かつパワフルに、それでいて感度も優れていなければならない。

重見さんの頼れる右腕。これが最新ラインナップ。

POSEIDON SQUIDLAW Imperial NIMS-73M ウィップジャーク 73

POSEIDON SQUIDLAW Imperial NIMS-75MH ラッシュジャーク 75

POSEIDON SQUIDLAW Imperial NIMS-82L テクニマスター 82

POSEIDON SQUIDLAW Imperial NIMS-86L スラックマスター 86

POSEIDON SQUIDLAW Imperial NIMS-86M レーザーキング 86

POSEIDON SQUIDLAW Imperial NIMS-90L スラックマスター 90

POSEIDON SQUIDLAW Imperial NIMS- １１０ML スラックキング１１０

RODS

POSEIDON SQUIDLAW Second Stage SSSS-86M レーザージャーク 86

POSEIDON SQUIDLAW Second Stage SSSS-88L スラックジャーク 88

●ポセイドン　スキッドロウ・インペリアル　シリーズ
(エバーグリーンインターナショナル)

重見さんが全国のフィールドで愛用しているのがこの『インペリアル』シリーズ。「ロッド自身が仕事をしてくれる快適で軽快な使用感」をコンセプトに最先端技術で仕上げられた高性能エギングロッド。『ウィップジャーク73』から『スラックキング１１０』までの７アイテムで、全ガイドにトルザイトリング採用。軽量化によって感度、操作性が向上するほかライン抜けがよく餌木の飛距離も妨げない

●ポセイドン　スキッドロウ・セカンドステージ　シリーズ
(エバーグリーンインターナショナル)

「一気に曲がって一気に戻り、ピタッと止まる軽快な操作感。軽い。疲れない。ロッドと一つになる感覚。１投、１シャクリごとにエギングを楽しむ」をコンセプトに初代『スキッドロウ』シリーズをリニューアルしたセカンドステージ。『マグナムジャーク７１０』から『スラックジャーク92』まで全6アイテム

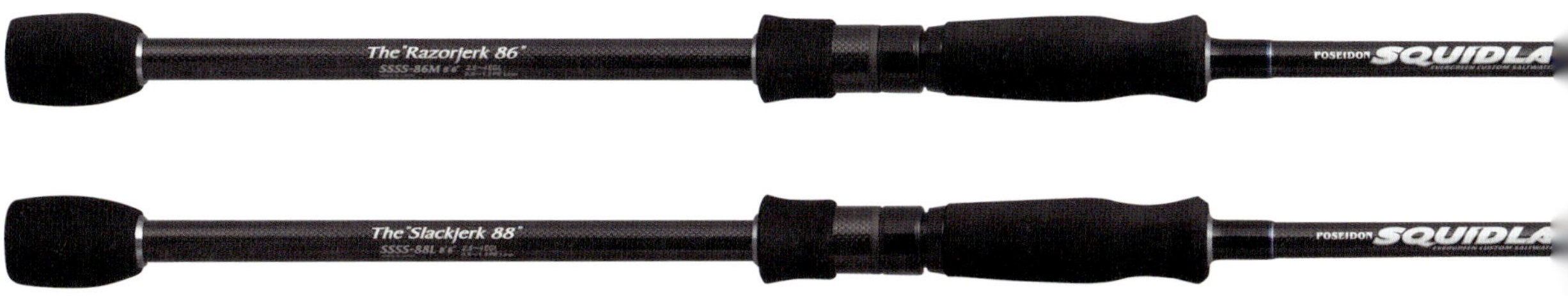

海中センサーである餌木と自分の腕であるロッドをつなぐ大切なもの、それがリールでありラインとリーダーである。寄せたイカを素早く取り込み、釣りを快適にするウェアや小物も重要なエギングアイテムだ。

REEL

●イグジスト2506PE−H（ダイワ）

重見さんが通常のエギングでメインに使用しているリール。非常に軽く餌木から伝わる海中情報を妨げない。ハイギアタイプだが重見さん自身は、まったく気にしていない。ラインキャパはPE0．5号で170m

●モアザンLBD 2510PE-SH（ダイワ）

現在、餌木を流れに乗せて送り込むドリフトの釣りで使用しているレバーブレーキ付き『モアザンブランジーノ LBD 2508SH』の後継機種がこれ。餌木にラインを引かせて送り込む際の、なめらかなローター逆転が魅力。その逆転を指先感覚ひとつで制御できることがレバーブレーキの強み。ラインキャパはPE1号で200m

LINE & LEADER

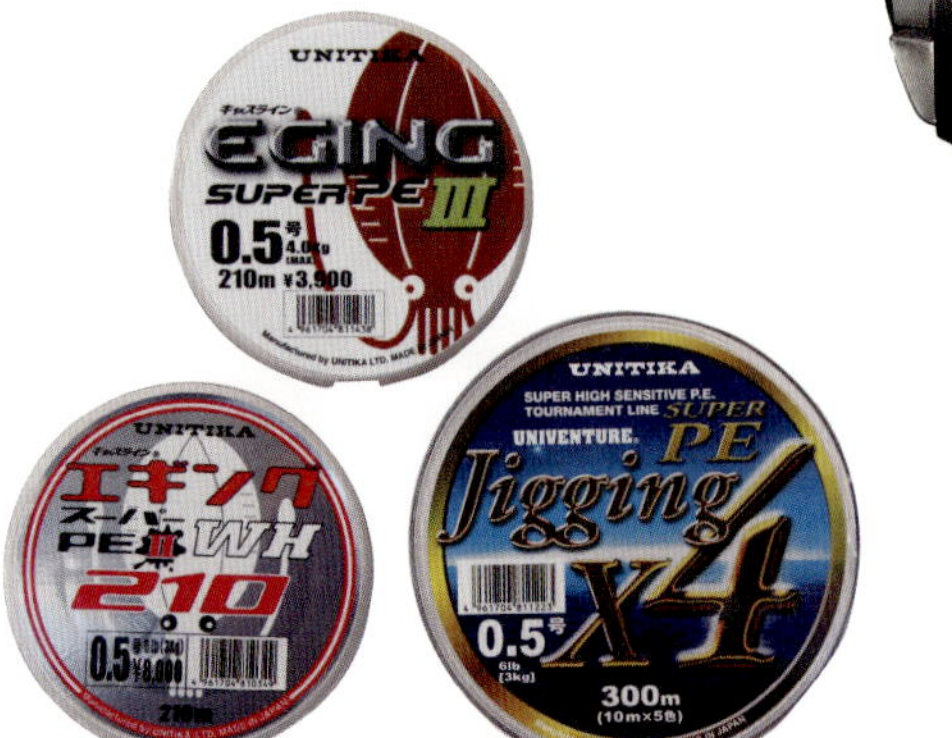

●キャスライン・エギングスーパーPE II WH（210m)、キャスライン・エギングスーパーPE III、ユニベンチャー・ジギングX４（ユニチカ）

『PE II WH』（210m）はホワイトベースに10m毎、5m毎のマーキング。同『PE III』は10m毎の3色分けに5m毎のマーキングが入ったエギング専用PEラインで比重0．98のフロートタイプ。『ジギングX４』はボート用のPEだがエギングにも対応、300m巻きがあるので潮が速い磯でのドリフトも安心

●キャスライン・エギングリーダーII 50ｍ（ユニチカ）

ライン組織を3層にしたT．L．構造で耐摩耗性、結節強度に優れたフロロカーボンリーダー。『キャスライン・エギングスーパーPE』との相性抜群で操作性がアップ。重見さんはPE0．5号に1．75号、PE0．6号に2号を結ぶ。それがベストバランス

OTHERS

●E.G.ライトフーディージャケット
(エバーグリーンインターナショナル)

柔軟撥水加工生地のフード付きフロントジップジャケット。春や秋のハイシーズン、朝夕の肌寒い時間帯に最適。中綿に軽量で暖かいサーモライトプラス、首元のエバーグリーンネームの裏に消臭&抗菌効果に優れたデオドラントネームR採用。カラーはブラックとレッドの2タイプ。巾着型収納バッグ付き

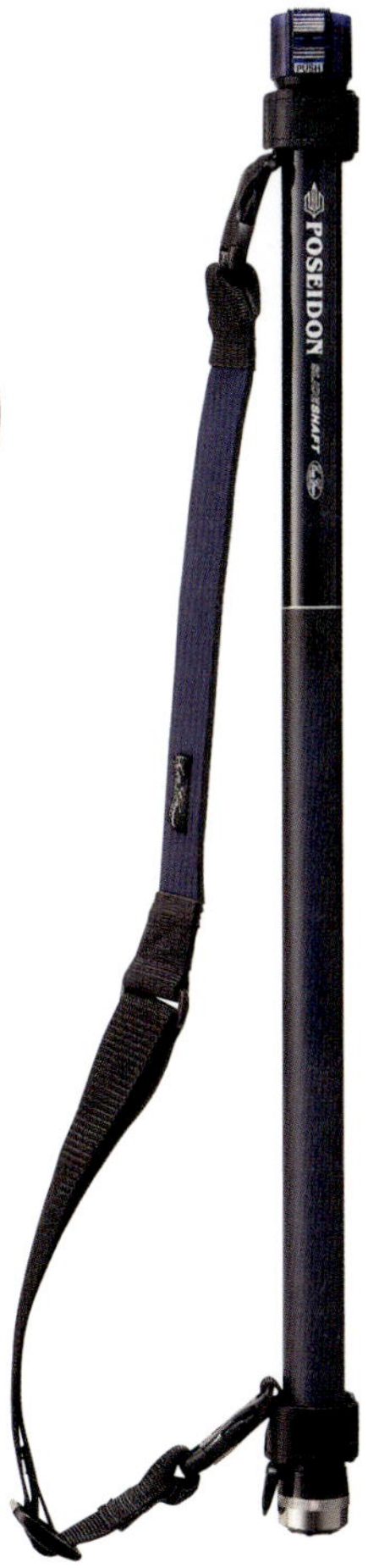

●E.G.スクイッドキャッチャー＋スライドシャフト
(エバーグリーンインターナショナル)

浮かせたアオリイカの取り込みはイカを驚かせにくいギャフがおすすめ。『E.G.スクイッドキャッチャー』はワンプッシュでセーフティーフードが開き、振り出すと自動的にギャフが開く安全かつ便利な設計。粘りがある長さ60cmの太径グラスソリッドが飛び出し、ねらった部分に正確に掛けやすく外れにくいのが特徴。このキャッチャーを全長4.8m、385gの『スライドシャフト』にセットすることで足場が高い防波堤から磯場まで、さまざまなフィールドで軽快にアオリイカを取り込むことが可能になる

●E.G.ピンオンリールメタル
(エバーグリーンインターナショナル)

パーツの大部分を金属素材で形成したピンオンリール。トリガースナップフックはカラビナのようにかさばらず取り付け部のアソビも軽減。スイベル部が回転するため、どの方向にもコードの引き戻しがスムーズ。コードは余裕の65cm

重見典宏ヒストリー

「少年時代の"カタ"が僕の原点」

昭和33年4月26日、重見典宏さんは福岡県の炭坑町に生まれ、すぐに鹿児島へ移住。小学校5年生まで山あいの村の、川の真横の家で過ごす。鹿児島ではいろいろな釣りをしたが、盆と正月には佐多岬の母方祖父の家に里帰りするたびに海でも釣りをした。3歳からサオを手にした重見さんが餌木、アオリイカと出会ったのはこの時だ。

ノベザオに太いナイロン（おそらく10号ほどあったはず）、その先に3寸のカタ（餌木）を結び付け、ポチャンと防波堤から海に落として揺するだけ。カタは船大工だった祖父のお手製だ。背中が青で腹が白、今でいう塗りの餌木。船で曳くための餌木の背中は緑だったと語る。

小学生になるとアジをイトで結んで手投げし、アオリイカが抱き付けば引き寄せてはサオの先に取り付けた引っ掛けバリで取り込んでいた。カタでは小型ばかりだったが、アジなら子供の力では引き上げられないほど大きなアオリイカがよく釣れたという。

大阪の摂津富田に家族で出てきたのが

小学校5年の途中。関西での釣りは父親に連れられた近所のヘラブナの管理釣り場が最初。中学2年で知り合ったのが1学年下の杉原正浩さんで、気の合う仲間数人でグループ釣行を繰り返すようになる。最初のルアーは淀川に流れ込む安威川のケタバス釣り。スピナーを持って連日、自転車で通ったという。

重見さんは高校には進学せず、父親と同じ型枠大工の道へ。杉原さんが高校に入った頃には、仲間内で一足早く普通免許を取得した重見さんの車で遠征を開始。東播のブラックバスを皮切りに伊勢湾や熊野川河口のシーバス、紀州でのヤエン釣りを開始する。

和歌山県の南部堺ではアオリイカを釣るたびに国道沿いの鮮魚海産物店に生かして持ち込んだ。20歳になるとアユの友釣りにものめり込む。フィールドは京都の周山、上桂川や美山川ばかり。自宅から小1時間の距離で近かった。ここでも釣ったアユをオトリ屋に持ち込んだという。

ヤエンのアオリイカ釣りは置きザオの釣りで、アタリを待つあいだはけっこう手持ち無沙汰。そこで郷里の鹿児島から持ち帰っていた餌木を和歌山の海で投げてみたら、簡単にアオリイカが釣れた。最初はトラウトロッドにナイロンライン、それがフロロ0・8号に変わり、その後PEラインの存在を知る。当時、ゴーセンから出ていた投げ釣り用1・5号が最も細かったが「もっと細いPEがあれば」と、ユニチカの社員になっていた杉原さんに持ちかけたことで細号柄のPEが世に出たのである。それが重見さん30歳（?）直前のことだ。

当時は本当によく釣れたという。紀州でも若狭でも50パイ釣るのに1時間あれば充分だった。残念ながら現在は昔よく釣れていた頃にくらべ、数は1割にも満たない。たとえば丹後半島の養老漁港の防波堤。20m間隔で3人並んで釣りをし、それぞれ100パイ、合計300パイという釣果も珍しくなかったのだ。

そんな餌木釣りは、いつの頃からかエギングと呼ばれるようになった。「餌木にINGを付けたのは、関東のメーカーさんと違うかな?」と重見さんは言う。「ダートなんていうのも、いつから言い出したのかなあ？　スラックジャークも僕がテスターしているメーカー担当者が付けた名前やねん。僕自身は『てろんてろんシャクリ』と言ってたんやけど」と重見さん。若い人がビシバシとシャクっている横で「何で、そんなシンドイことするねんな?」と自分1人、てろんてろんと釣っていたとか。

エギングはPEラインの登場で大きく変わったという。ナイロンやフロロの時代はライン全体が沈んでしまうため、シャクっても餌木が前に引かれる格好になり根掛かりが多発した。しかし低比重で軽いPEの大部分は水に浮き、シャクれば餌木を上から引っ張り跳ね上げる格好になるため根掛かりは激減。それをより顕著に楽に行なえるのが、イトフケだけを弾くようにシャクる「てろんてろんシャクリ」すなわち、今でいうスラックジャークなのだ。

他人が釣れない状況で「なぜ重見さんだけ釣れるのか?」という問いに対する答えは「皆さんの餌木より僕の餌木のほうが、長いあいだ底のほうにあるやろ」につきる。とにかく「餌木は動かしてナンボで、ダートさせてナンボとちゃうねん。イカが乗ってきやすいのは餌木が沈む時やから」「デカイヤツは底で待ちかまえている」「デカイヤツは上まで付いて来にくい。図体のデカイのは人間も同じで動くのしんどいから」「リールは巻いたり巻かなんだり」「餌木をどこまで上げて、どこまで下げるかだけ」といった重見イズムは子供の頃から、すでに頭にあった理論なのだという。

Pazdesign
EQUIPMENT FOR OUTDOORS

Spicy!
辛口！道具論

餌木、リーダー、ライン、ロッドにリールと非常にシンプルで簡単な釣りだけに道具選びはゴマカシが効かない。当然、こだわらなくてはいけない部分はもちろんあるが、まったく気にしなくても大丈夫な部分も多いのが重見流なのだ。

辛口！道具論 ① 基本タックル理論

海中情報を的確キャッチするために！「タックルを変えない」という選択

大切なのは餌木をきっちり底まで沈められるかということ。
餌木の沈みぐあいを把握するためにも同サイズ、同重量を使い続けることが重要で、
餌木に合わせて他のタックルもセレクトし基準にする必要があるのだ。

どこに行っても基本は決まっているから釣り場でタックルに悩んだりしない。特別な場合を除いて3.5寸の餌木、それにベストマッチのタックルでやってみる

【重見さんの基本タックル】

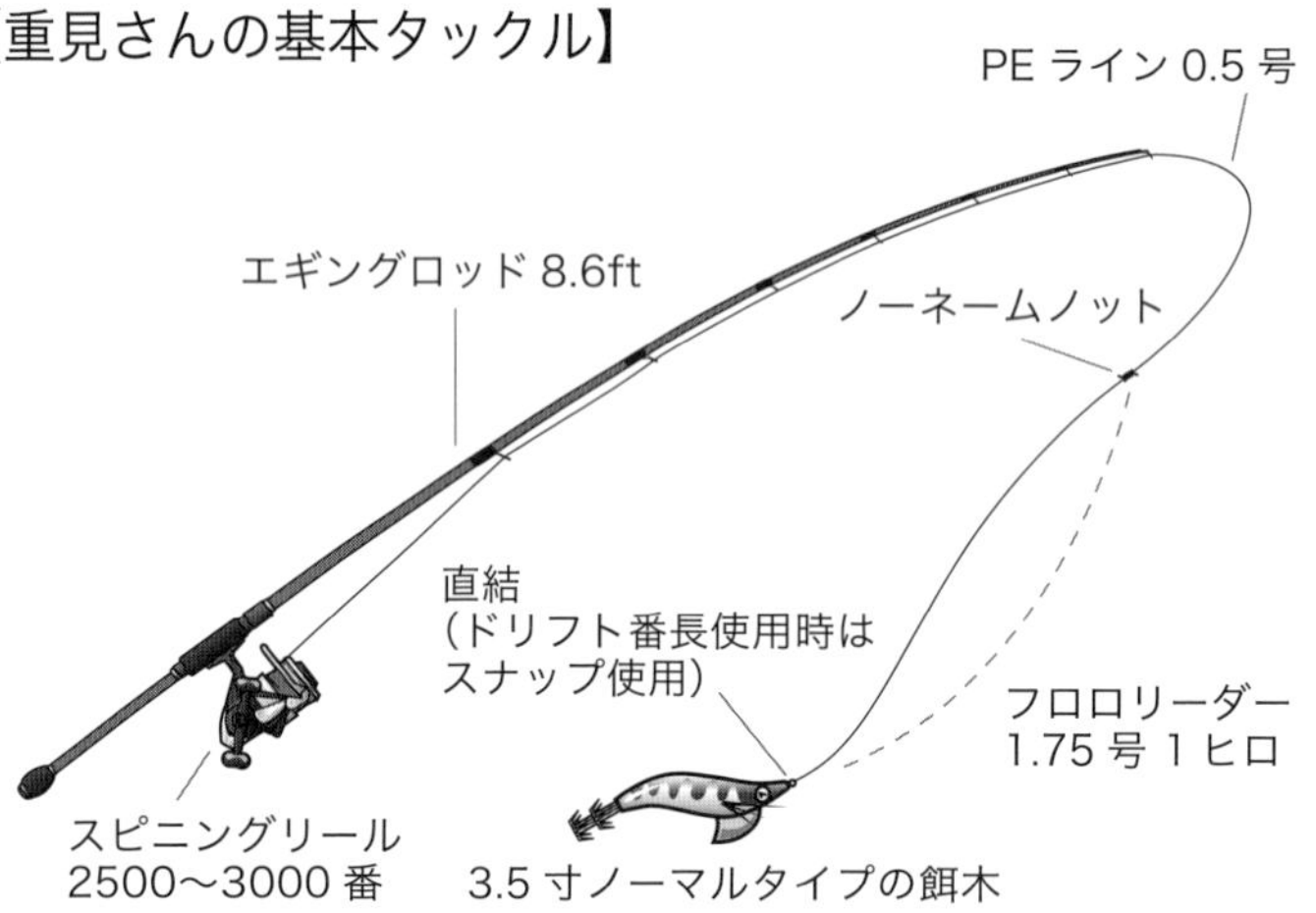

ロッド：インペリアル・スキッドロウ・スラックマスター 86（エバーグリーンインターナショナル）

リール：イグジスト 2506PE-H・ダブルハンドル交換（ダイワ）

ライン：キャスラインエギングスーパーPEⅡ210　0.5 号（ユニチカ）

リーダー：キャスラインエギングリーダー 50 1.75 号（ユニチカ）

餌木：餌木番長ノーマルシンキング 3.5 号ほか（エバーグリーンインターナショナル）

シーズンや釣れるイカのサイズに合わせてロッド、ラインとリーダーの号数、餌木の大きさや重さを変える人もいる。それはそれでありだが僕は周年3・5寸のノーマル餌木とPEライン0・5号、フロロリーダー1・75号をメインと決め、それにマッチするロッド（長さは8・6ft）を使用している。なぜなら海中のようすは浅場でないかぎり見えないため餌木やラインの沈み加減、流れ方で感じるしかないからだ。

　その判断基準を単純化し分かりやすくするためには、あれこれ道具を取り替えるよりも同じものを使うほうが簡単なのだ。特に入門者は同じ餌木の同じ大きさ、重さを使用し続けることをおすすめる。とにかくそのほうが釣りを覚えやすい！

　同じ餌木、同じラインを使い続けることで着底にかかる時間で水深が読めるようになるし、自分のリズムで何回シャクれば餌木がどれだけ浮上し、底まで沈めるのにどれぐらい時を要するかも分かってくる。

　僕が年中あらゆるシチュエーションで同じサオ、同じ太さのライン&リーダー、同じ3・5寸の餌木を使い続けるのは、餌木から手元に伝わる海中情報を的確に把握するためなのだ。サオ、ラインの太さ、餌木のサイズや形状が変化すれば手元への海中情報の伝わり方も変化し自分のなかで混乱してしまうのである。基準としてすべて同じ道具を使うことで的確な情報分析が可能になるのだ。

　ただ、釣り場では向かい風も吹くし非常に速い潮が流れる場合もある。いくら3・5寸ノーマルをメインと決めていて

Q. 釣れるアオリイカのサイズに合わせて道具は変えるんですか？

A. 変えません！
基本は3・5寸餌木で年中同じ。
ああっ、年中エギングしませんけど……。

防波堤でも磯でもアオリイカが大型でも小型でも、可能なかぎり3.5寸ノーマル餌木を基準にした基本タックルで釣るのが重見流

も、それで釣りにならないことも多々ある。餌木が飛ばない、底までなかなか沈まない……。こんな場合は自分の釣りのしやすさを優先させるしかなく、そのためにディープタイプの重い餌木も必要になるのだ。また小イカしか釣れないなら餌木は小さいほうがよいので、3寸以下のシャロータイプも必要になる。しかし、この場合でもロッドやラインを3・5寸使用時と同じにしておけば、海中情報をより把握しやすくなる。

つまりエギングで最も大切なことは「釣り場でちゃんと飛んで、きちんと底まで沈められる餌木を使う」ということなのだ。これを大前提に餌木を選ぶのが基本の「キ」である。ただし、仲間と早掛け勝負する場合は僕は誰よりも餌木を速く沈めるためにディープタイプを使うが、逆にシャロータイプで足下の浅場を釣る人もいる。もちろんそれにも一理あり、人それぞれ釣りを楽しむためのポリシーだから文句は付けられない。

辛口！道具論 ②　餌木に関する当然の話

デカいエサほど満腹になる……すなわち大型アオリには大型餌木という理屈

サイズの大小、重い餌木、軽い餌木、尖った餌木、丸い餌木、傘バリの段数違い……など、市販されている餌木には多彩なタイプがあり、入門者はセレクトに悩むことしきりだが、その違いは実は簡単な理屈なのだ。

シンカーのサイズで速く沈むタイプ、ゆっくり沈むタイプがある。シンカー重量、水中姿勢の違いによって沈下能力が異なる。その基本法則を念頭に置いた餌木セレクトがキーポイントになることもしばしばだ

3・5寸の餌木が僕の基準であり常用するサイズであると前項で述べたが、それより小さい餌木や大きい餌木をまったく使わないということではない。たとえば2寸や2・5寸という餌木は小イカを釣りやすいサイズだ。しかし、そんな小さな餌木で大型のイカは滅多に釣れない。大型イカを釣るには「絶対に大型の餌木が有利」なのだ。なぜか？　デカイ餌木に絶対大型イカが来るというか、大きいイカほど大きな餌木に手を出すからなのだ。

それを考えればエバーグリーンインターナショナルの『エギ番長』のラインナップは4寸までなので、できれば5寸がほしいぐらいだ。大きい餌木のほうが当然よく目立つし、大きいエサを食うほうがイカも満足感を得られやすいのだ。小さいエサを何尾も食うより、大型エサを食うほうが手っ取り早いし、小さいエサを食うより大きなエサを食うほうがお腹がいっぱいになるからだ。イカは「大きなエサがあるのに、あえて小さなエサに手を出すことはない」というのが僕の考えである。だから大型が釣りたければ人より大きな餌木を使うのが正解。ということで4寸の餌木も使うのである。

餌木にはシンカーのサイズで速く沈むもの、ゆっくり沈むものがある。シンカーが重いディープタイプ（ファーストシンキング）ほど沈下姿勢が垂直に近くなり、シンカーが小さいシャロータイプ（スローシンキング）ほど水平に近い沈下姿勢になる。また同じ重さなら餌木のノーズが下を向くほど素早く沈み、水平に近くなるほど水流抵抗の影響で沈下速度がスローになる。この理屈は、どのメーカーの餌木でも同じなので覚えておこう。

潮に流し込んでいくドリフトタイプの餌木にはディープタイプはありえない。なぜか？　速く沈む餌木がドリフトするはずない！　という当然の答え。逆にいうと沈みが遅いスーパーシャローほどドリフトさせやすい餌木といえる。またディープタイプの餌木には2・5寸の小型

Q. ファーストシンキングでドリフトする餌木は存在しますか？

A. そんな餌木、存在するはずない！速く沈む餌木がドリフトするわけないじゃない！

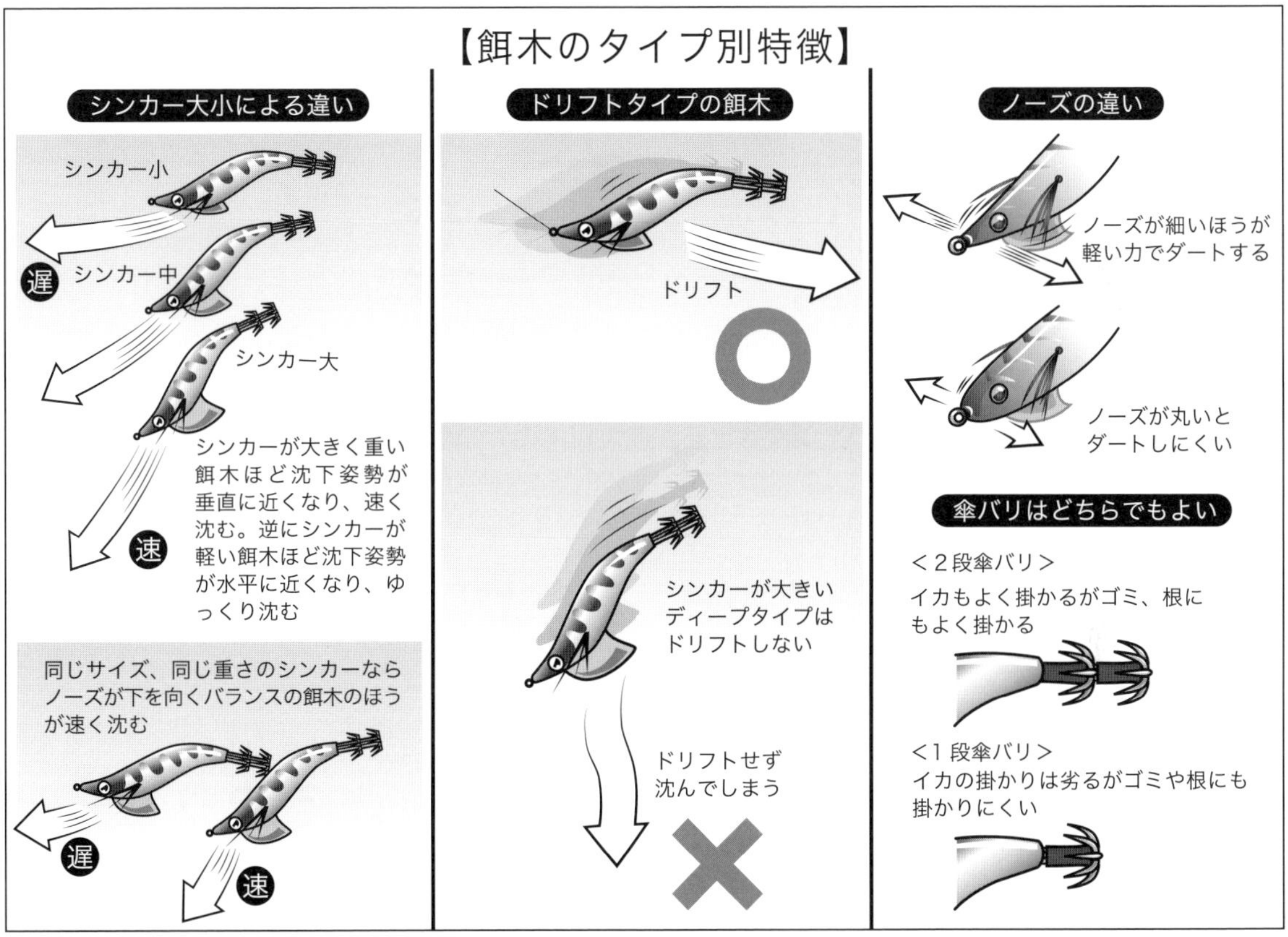

を作る意味がない。小さくて飛距離が乏しく探れる範囲がかぎられるのに深く速く沈むタイプは必要ないからだ。

ラトル入りの餌木も存在するが、これがイカの捕食スイッチを入れるかどうかは定かではない。研究者に聞くと確かにアオリイカは音が聞こえており興味を抱くそうだが、それが捕食スイッチを入れる要因なのかどうかは分からないという。

餌木の形状でいうとノーズが細いほうが軽い力でよくダートする。強い力で思い切りシャクってラインを引いてしまうと餌木は引かれた方向、真っ直ぐにしか動かない。だから僕は「ゆっくりシャクりなさい」とよく言う。強烈にシャクらないとダートしないのは、なかなか動かないタイプの餌木を使っているからなのである。

傘バリは1段でも2段でも、どちらでもかまわない。要はハリが付いていたらそれでよい。僕が使っている『エギ番長』や『ドリフト番長』が2段になっているのは、見た目に2段のほうがカッコイイから？ 近年の流行も2段だから？ 餌木全体としてシンカーとのバランスが取れていれば、どちらでもよいのだ。

ただしハリが多い2段のほうが、当然アオリイカはよく掛かる。しかし、それだけ根掛かりもするしゴミを引っ掛けるリスクも高いということ。傘バリにこだわるなら、そのあたりがキモ。さあ、アナタはどっち？ 僕はどっちでもよい。傘の下側のハリをカットしてあるので根掛かりしにくいという餌木もあるが、僕はまったく興味がない。

辛口！道具論 ③ 餌木のカラーについて

派手で自分から見えればそれでヨシ カラーローテは時間の無駄だ！

極端な話、根掛かりでロストするまでカラーチェンジはまったくしない。浅場では自分からよく見える派手なカラーを選ぶが深場ではそれも関係なし。イカの立場ではなく自分がその色にあきたらチェンジすればヨシ！

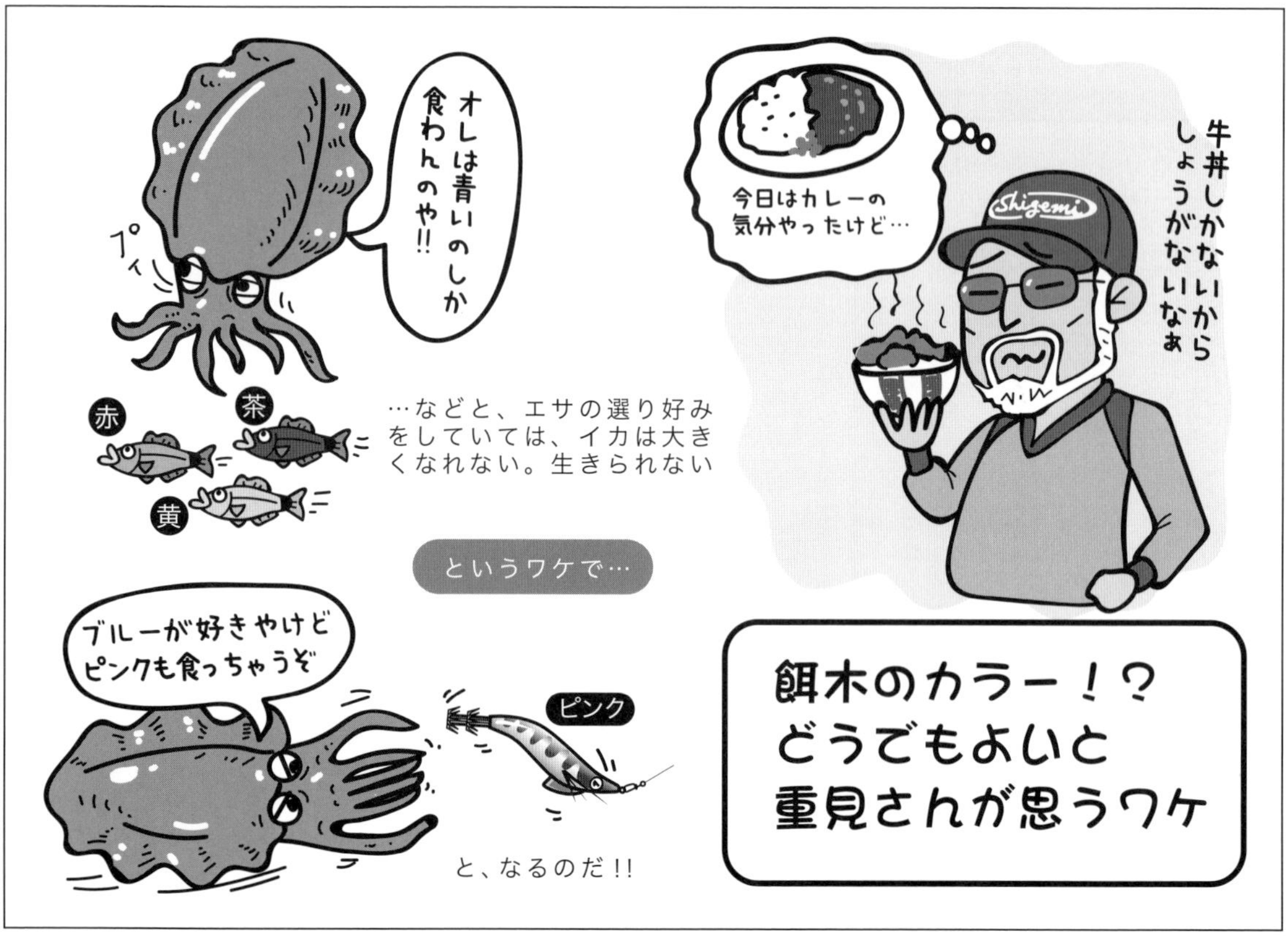

はっきりいって餌木のカラーなど気にしたことがない。

大切なのは「自分からよく見えるカラーであること」だ。シャローポイントで自分の餌木にイカがチェイスしてくれば楽しいから、自分の餌木はよく見えるほうがよいという理由。しかし深場で釣る場合はそれすら関係ない。餌木が浅いレンジに上がってきた時に見えればよいのである。

というワケなので浅場で釣ることが多い秋は「絶対に派手なサイトカラー」しか選ばない。そう、オレンジとピンクだけでよいのだ！ ロケではテレビ映りを考慮して、他のカラーを使ったりしているが、基本的に僕は1個の餌木が切れてなくなるまでチェンジしない。する必要がないと考えている。

アオリイカにしてみれば餌木、すなわちエサの色にわがままいうと、あれだけ短期間に大きく育つのは難しいのだ。目の前のエサは何でも食べる。僕が空腹の時、カレーが食べたいと思っても牛丼しかない場合はそれを食べないとしかたがないように、アオリイカもエサの選り好みをしている余裕はないと思う。アオリイカが「ピンクを食いたい気分」でピンクにしか反応しないなどということはありえないのだ。餌木の背の色、腹の色、布の下のテープの反射も僕は気にしないし関係ないと思っている。木の枝でもアオリイカを釣ったことがあるぐらいだ。

しかし市販されている餌木に何色もあるのは、アオリイカよりも釣り手に向けたサービスなのだ。釣り場で餌木ケース

Q.

時間帯や潮色など条件別に効果的な餌木カラーはあるの？

A.

僕の場合、一切ありません！気にもしてません！いつでもどこでも派手カラーで釣ってます！

市販される餌木のカラーにいろいろあるのはアングラーをあきさせないためだと僕は理解しているから、条件に合わせてカラーチェンジ、カラーローテすることはない。はっきりいって自分からよく見えればそれでよいのだ。切れてなくさないかぎり一日中、同じ餌木を投げ続けることもあるぐらいだ！

を開けた時に「さあ、どの色で釣ろうか？」と考えるのが楽しいし、ずっと同じ色の餌木を使っているとあきてくる。釣れない時に釣り手の気分を変えるためにカラーバリエーションは存在するのだ。潮が濁っているからこの色、澄んでいるからこの色、朝はコレ、日中はコレ、晴れの日は、雨の日は、曇天だからコレといったマイパターンなど僕には何もない。たいていは明るくて派手な色で釣っている。

　また、餌木を交換する手間も惜しい。他の餌木を選んでいる間にも海中のポイントをアオリイカが通り過ぎているかもしれないのだから。どんな釣りでも仕掛けが海中に入っていないと釣れないのが道理。エギングでも餌木がどれだけ海中の底近くにあるかのほうが、餌木のカラーよりも重要なのだ。

辛口！ 道具論 ④ 餌木のチューニング

最新の餌木にチューニングは不要 アワビシートは釣行前のお楽しみ……

はっきりいってチューニングを必要としたのはラインナップが非常に少なかった時代の話。
ショップで迷ってしまうほど餌木があふれる現在は必要ないのだ。
ただし簡単なガン玉チューンは覚えておいて損はない。

ショップにはさまざまなタイプの餌木が所狭しと並んでいる。大小、軽重あらゆるものが選び放題なので昔のようにイトオモリを巻いたり……といったチューニングは今では必要なくなった

餌木のバリエーションが少なかった一昔前はイトオモリを巻いたりして餌木のウェイトチューニングをすることもあったが、ノーマルを中心にシャロータイプ、ディープタイプ、エクストラディープタイプと、あらゆるレンジをカバーする餌木がラインナップされた現在はチューニングする必要はまったくなし。あえてチューニングするならガン玉を利用する方法が簡単で効果的だ。

僕の場合、磯のグレ釣りで大量に持っていたガン玉2Bを餌木の鼻先にあるラインアイ直前のリーダーに打ったり、傘バリの下側1本に打ったりして餌木の沈下速度、バランスを現場で臨機応変に変えていた。

鼻先に打てば餌木が前下がりバランスになり、それだけ速くフォールするようになる。逆の最後尾の傘バリに打てば餌木の姿勢が水平近くになり、多くの水流抵抗を受けてフォールスピードが緩やかになる。現在ではまったくやらなくなったが、誰にでも簡単にできる方法なのでノーマル餌木をディープタイプ、シャロータイプに早変わりさせられるので覚えておくと役に立つ。ただし釣っている途中でガン玉が外れることが多々あるので、餌木を回収するたびにガン玉の有無を確認すること。傘バリに打つ際はペンチを使ってしっかり固定しておこう。

僕はたまたま2Bを使っていたがBでも3Bでもかまわない。軽いガン玉しかないのなら2個、3個と数を増やせばよいのだ。

アワビシートを貼るチューニングも、釣

Q. アワビシートを貼るチューニングはイカに効果ありですか？

A. 自分で餌木が見やすいように背中に貼っていました。アオリイカにアピールするかどうかは、イカに聞いてみないと分かりません！

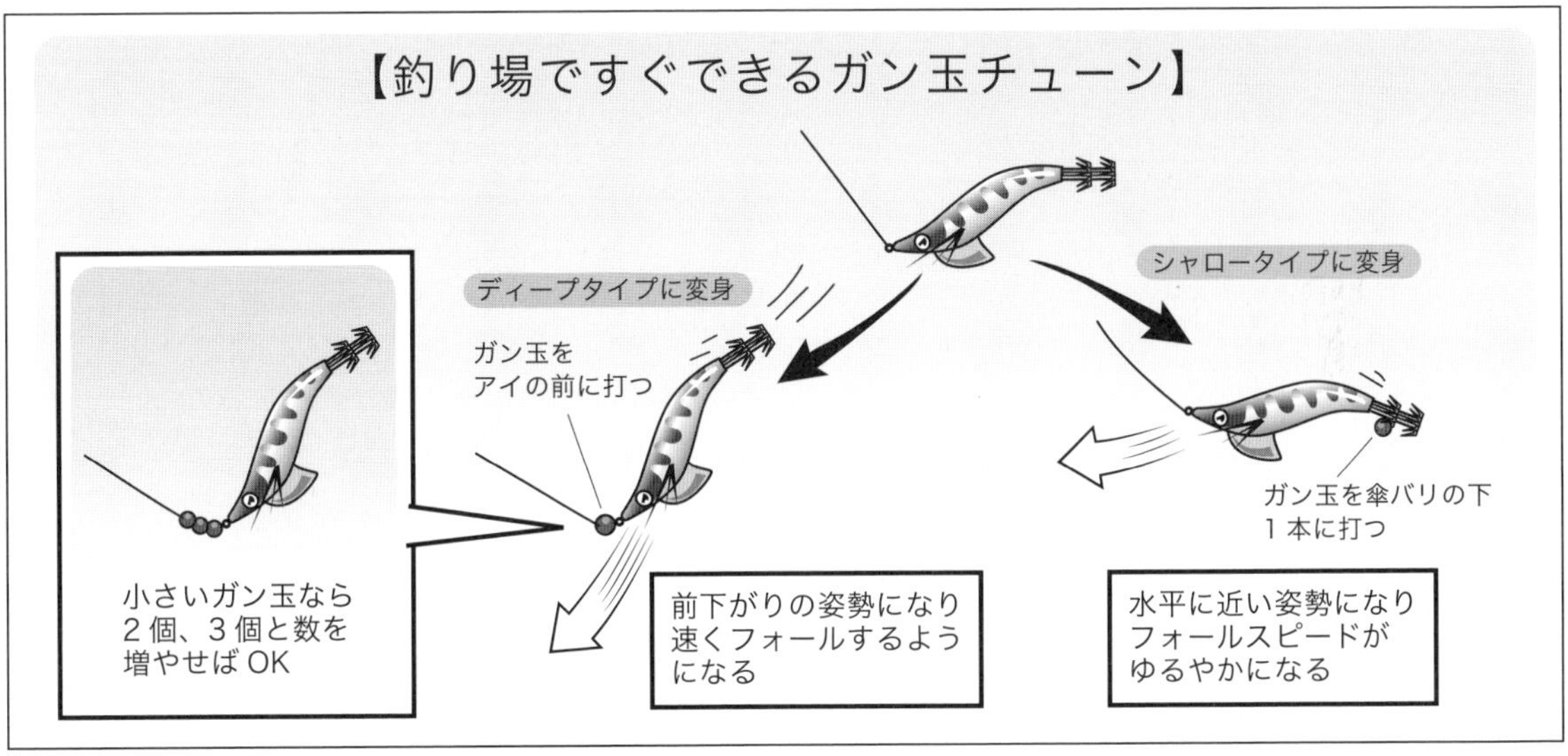

【釣り場ですぐできるガン玉チューン】
小さいガン玉なら
2個、3個と数を
増やせばOK
ディープタイプに変身
ガン玉を
アイの前に打つ
前下がりの姿勢になり
速くフォールするよう
になる
シャロータイプに変身
ガン玉を傘バリの下
1本に打つ
水平に近い姿勢になり
フォールスピードが
ゆるやかになる

釣り場で簡単に餌木チューンできるガン玉は持っておいて損はない。サイズはBでも2Bでも3BでもOK。軽いと思ったら複数個打てばよいのだ

アワビシートを餌木の背中に貼るのは自分から餌木の位置がよく分かるようにするため。餌木カラーを気にしないことと同様、あくまでも自分の釣りやすさをアップさせるための一手段として考えるのが重見流

りの準備で夜な夜なお酒を片手に釣りシーンを想像しながら自分なりに工夫するのは楽しい。僕自身は餌木カラー同様、自分からよく見えるようにするためのマーカーとして以前は餌木の背中に貼っていた。釣りの楽しみ方は人それぞれ、アワビシートの目的も人それぞれでよいと思う。「アオリイカはアワビなんて食ったこともないやろしね」と僕は考えるだけ。餌木の両サイドに付いている羽根もなくてかまわないと思っている。羽根なしでも関係なくアオリイカは釣れるからだ。

辛口！道具論 ⑤ 結局どんなロッドがよいのか？

体力的に無理がない範囲の最長ロッド 軽量かつパワフルなら文句ナシ！

ちまたにエギングロッドは山ほどあれど自分にぴったりのサオはどれ？
その目安になるのが自分の体力で無理なく扱える最長モデル。
何はともあれ、まずはプロショップの店員に相談するのが賢明だ。

【長ザオ有利論】
ロッドが長いほうがティップを海面に近づけられるので風による影響が少なくてすむ
テトラで釣る場合も長ザオのほうが前に出なくてすむ
イトフケ大
イトフケ小
風

重見さんが使用するのは軽量かつパワフルなエバーグリーンインターナショナルの『インペリアル・スキッドロウ』シリーズ。メインは8．6ftだ

マッチするロッドの全長は使い手の体格や体力によって変わるし、個人の好みによっても変わるが、僕の場合は8・6ftを基準にしている。白状すると9ftでもよかったのだが「ハチロク」という響きがよかったという、ただそれだけの理由。

これから始める人はショップの店員に相談することをおすすめする。個人的にはエバーグリーンインターナショナルの『インペリアル・スキッドロウ』シリーズを推奨したいが、予算的な問題もあるだろうし他メーカーのロッドのことは分からないからだ。

目安としては自分の体力を考え「無理のない範囲で最も長いロッド」を選ぶのがよいと思う。長ければテトラで釣る場合も前に出ずにすむし、風が強い場合もティップを海面に近づけやすいので風の影響を軽減しやすい。またロッドが長いほうが遠心力の関係で餌木の飛距離も伸びる。バスのようにピンポイントを探る釣りならショートロッドも有効だが、広い海でのエギングはとにかく遠投できるほうが広範囲を探れてイカとの遭遇チャンスも増えるのだ。

エギングロッドの多くは2対8から3対7の先調子だ。なぜなら先調子でないと餌木がシャクりにくいから。胴調子はシャクっても餌木に力が伝わりにくいため餌木が動かず、しんどい釣りになる。ただし掛けてからは胴調子のほうが引き味を楽しめて面白いのだが……。

リールシートからロッドエンドの長さは片手でロッドをシャクった時、自分の

陸っぱりエギングでは餌木をできるだけ遠くに投げられるにこしたことはないので長いロッドが有利。また風が強い時は長いほどティップを海面に近づけられるので重宝する

Q.

ロングロッドはキャスティングのコントロールが難しいのでは？

A.

コントロールよりも飛距離が重要！それだけイカに遭遇できるチャンスが増える!!

衣服に引っ掛からない長さを選ぶのが基本。リールシート部を握ってロッドエンドが肘より少し短いぐらいが理想。両手でシャクる人は長くても関係ないが……。まあ、好みの問題でもある。そんな理由からリールシートも固定ではなくバスロッドで採用されているようなテネシーグリップにしてほしいとメーカーに依頼したことがある。リールフットをテープで巻いて固定し自分好みの位置にセットできる点が便利だと思うのだが、第1ガイドまでの距離が変わるのでよくないという理由から採用されなかった。

ちなみに僕の理想というか、釣っていて気持ちがよいサオというのは、手にした時にめちゃくちゃ軽くて5kgの特大イカでも寄せてくることができるパワーを持っているものだ。

辛口！道具論 ⑥ リールは使い勝手を最優先

2500～3000番でハンドルをダブルに交換 送り込む釣りにはレバーブレーキ付き

「ギア比なんてどうでもよい」という重見さんがリールに求めるものは
ラインキャパ以外だと手を離した時に勝手にハンドルが回らないダブルハンドルであること。
餌木をドリフトさせる場合はレバーブレーキが威力を発揮する。

「重見さんのイグジスト、ハイギアですよね？」「そうなん？ 興味ないし気にしてないから分からん」

リールはスピニング。ダイワなら2500番台、シマノなら3000番が基準。ラインキャパはPE0・5～0・6号が150～200m巻ければOKだ。ギア比はどうでもよいと思う。エギングはルアーのようにリトリーブする釣りではないので関係ないからだ。最近はハイギアリールも多いらしいが個人的に興味がない。エギングにかぎらず何のためのハイギアなのか理解できない。ルアーを素早く回収するため？ 釣ってる最中に楽しいから？ ベイトリールにくらべ非力なスピニングのパワーギアなら理解できるが……。正直なところ自分が使っているリールがノーマルギアなのかハイギアなのか、まったく関知していないのだ。

一方、リールの機能として重宝しているのがレバーブレーキシステムだ。実際に使っているのはシーバス用のダイワ『モアザンブランジーノ』だ。島根県大社の沖磯などで潮に乗せて餌木を流し込む釣り限定だが、レバーブレーキならいちいちベールを起こさなくてもローターの逆転を制御することでストレスなく送り込むことが可能。またアオリイカとのファイト中もレバーを緩めて掛かったイカをバックさせることで、別のイカを浮かせて寄せる際にも有効。レバーブレーキでない場合はリールを巻かずに止めておくのだが後方に送ることで、より周囲のアオリイカを寄せやすくなるのだ。その寄せたイカを同行者に釣ってもらう「ごっつぁんヒット」のための遊び心だ。

ロッド操作をすべて右手で行なうのでリールのハンドルは左巻き。また、すべ

Q. リールはハイギア、それともノーマルギア、どっちがいいですか？

A. そんなの関係ナシ！自分が使ってるリールのギアがどうかも分かってないですから。

現在、重見さんが使用しているのがダイワ『モアザンブランジーノ LBD2508SH』と『イグジスト 2506PE-H』。通常の釣り（ドリフト以外）では『イグジスト』がメイン。どちらもダブルハンドルに交換

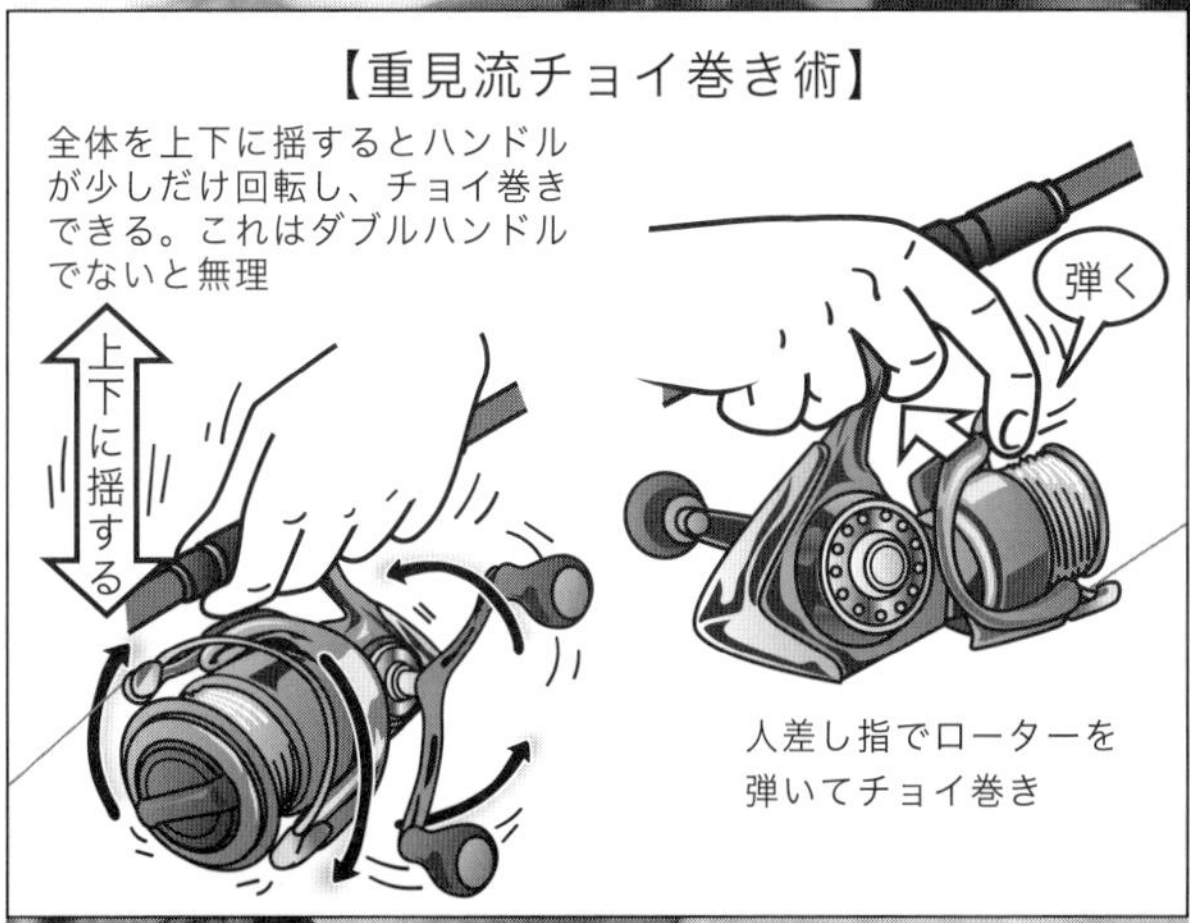
【重見流チョイ巻き術】
全体を上下に揺するとハンドルが少しだけ回転し、チョイ巻きできる。これはダブルハンドルでないと無理
上下に揺する
弾く
人差し指でローターを弾いてチョイ巻き

重見さんの手元を見ていると人差し指でローターを弾いて少しだけ回転させていることに気付く。そう、ハンドルに手をかけずチョイ巻きするワザなのだ。イトフケを少しだけ取りたい時に便利だ

てダブルハンドルにチェンジしている。シングルハンドルは手を放した際、その重みで回転してしまうことがあるので使わない。ラインの動きでアタリを取る釣りなので、ハンドルが勝手に回ってラインに少しでも影響を与えてしまうのは困りものなのだ。その点ダブルハンドルならその心配がないし、ハンドルノブをとっさに握る場合にも楽。またダブルハンドルはリールを揺らすだけでハンドルが少し回転し、チョイ巻きができてしまうという裏技も可能。ポケットに片手を突っ込んで釣っている横着な僕にはピッタリなリールなのである。

辛口！道具論 ⑦ ＰＥラインを使う理由

餌木を前進させず左右に飛ばし長く海中にとどめるためにＰＥ！

もちろん細くて強いというメリットもあるのだがＰＥラインを使う最大の理由は浮力があり海面に浮くから。シャクリ動作で上方から餌木に力が伝わるため左右にダートして前進しにくくなるからだ。

餌木を上下動させるのがエギングだから、少しでも長い時間、海中に餌木が入っていることが望ましい。ナイロンやフロロだと餌木が前進しやすく、あっという間に手前に寄りアオリイカにアピールし、遭遇できるチャンスが少なかったのだ

アオリイカは釣れる時期に釣れるところに行けば釣れる。釣れない時期に釣れない場所では、どんな名手でも釣ることはできない。ただし昔にくらべエギング人口が恐ろしく増加したので、1人あたりの分け前が減ったことは事実。誰も釣っていなかった昔は釣果を独り占めできたわけだ。潮下から順番に釣っていくという約束を守りさえすれば、一日中釣れ続けていたのだ。潮上から釣るのがダメなのは、アオリイカを取り込む際に吐いた墨が潮下に流れて仲間の警戒心をあおり、釣りにくくなってしまうからだ。

エギングでアオリイカにアピールする方法、いわゆる細かいテクニックなどないと僕は思っている。要は持ち上げた餌木を沈めるだけの釣り。あえてテクニックがあるとすれば底から1㎜のところで餌木を跳ね上げる技術だろう。それができれば底付近にいるイカに餌木を確実に見せることができるし、何よりも根掛かりすることがないからだ。つまり、どれだけ餌木を底付近で上下動させ、イカが抱きつくチャンスを多く生み出せるかということが重要。しかし実際には海底の1㎜手前でシャクるなど誰にもできないので「餌木を常に海底付近で上下動させるイメージを持つ」ことが大切なのだ。それと「餌木がフォールするあいだは何もしない」ことも。テクニックらしいテクニックといえば、この2つだけだろう。

アオリイカは餌木が落ちる時に抱きやすい。餌木を潮に乗せて流し込む場合は流れの中で抱いてくるが、通常の場合イカはいつまでも移動する餌木を追い続けないため、餌木が底付近に沈んで動きを止める寸前を見計らい押さえつけるように抱いてくる……というのが僕の持論。もし餌木を海底にステイさせたままでも根掛かりしないのであれば、ステイさせておけばよい。「何分置いておけばよいのですか？」なんて質問を受けることがあ

Q. ダートさせないとアオリイカは釣れませんか？

A. そんなの関係ナシ！ 餌木が上下動すればそれでヨシ。この動作を海中で少しでも長く行なえるイトがＰＥなのだ。

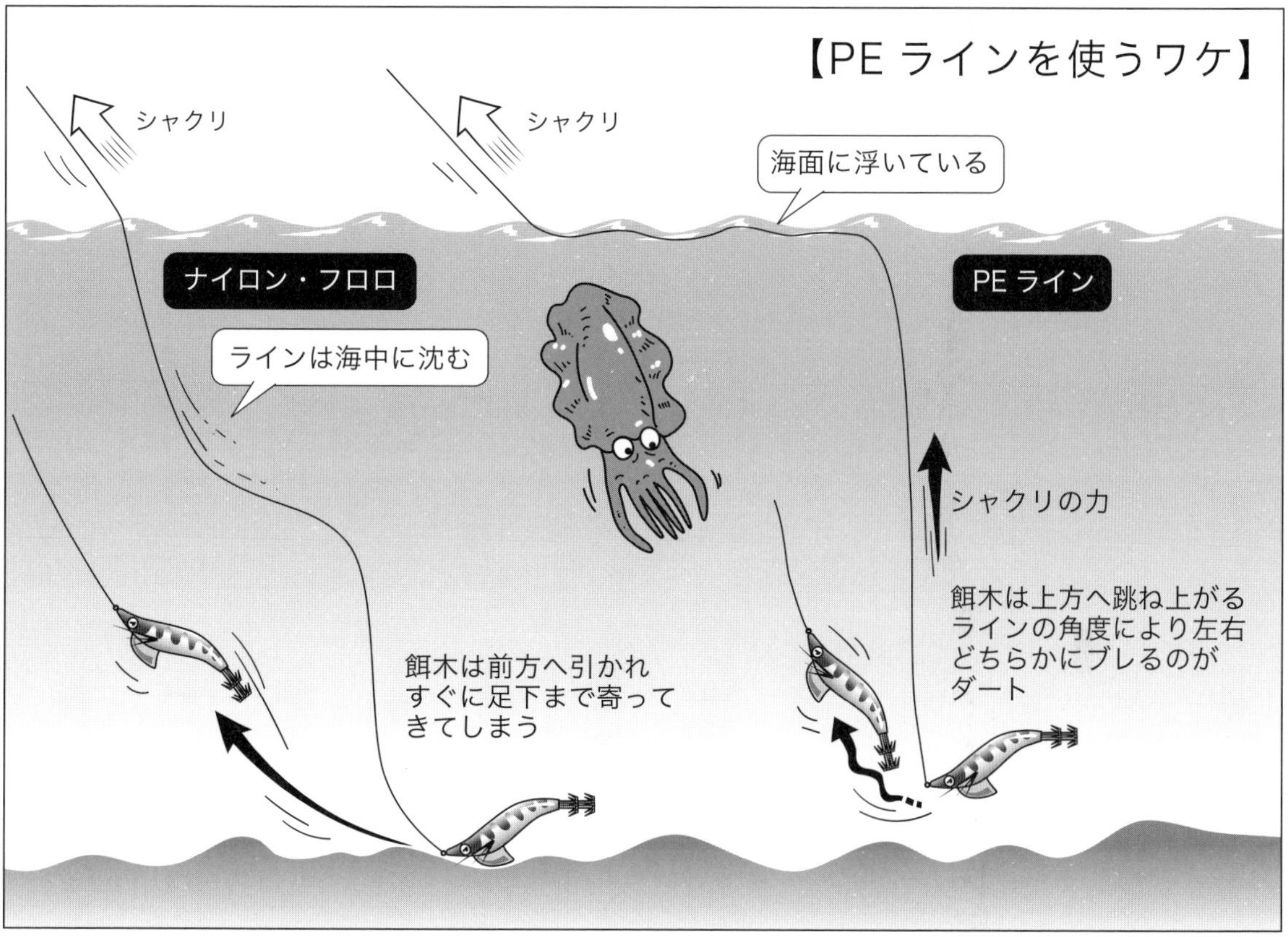

るが、そんなこと僕の知ったことじゃない。好みでOKだ。

ダートというのは餌木をアピールするための手段ではあるが、左右に飛ぶ動きがイカの気を引くわけではない。ダートせず、昔の餌木のように真っ直ぐ前方に跳ねて前進すると、それだけ早く手前に寄ってきてしまい回収のタイミングが早くなる。それでは損なので餌木のノーズを細く削りPEラインでスラックジャークさせることで、より左右に飛び上がるように動かして少しでも手前に寄りづらくしたのだ。それがダートと呼ばれるようになった。アオリイカはあらゆる角度から餌木を見るわけだから、右に飛ぼうが左に跳ねようが関係ない。トリッキーな動きも意味がない。何度もいうが要は「海の中で上下動すればよい」だけなのだ。

ナイロンやフロロは、このダートが不可能だった。餌木が沈めばラインも沈むためシャクっても前から引っ張ることになり、当然餌木は前にしか上がらない。しかし、海面に浮くPEならシャクリ動作の力が上から伝わるため、その時の微妙なライン角度やスラックの方向で餌木は左右どちらかに跳ね上がる。したがってPEラインを使えば、ロヒモ付きの昔の餌木でも少なからずダートするはず。ノーズを細くして水切れをよくし、アイに直接リーダーを結ぶことで力が伝わりやすい現在の餌木は、誰がシャクっても簡単にダートする。逆にいえばノーズが太く丸い餌木は、かなり強い力でシャクらないとダートしないともいえるのだ。

辛口！ 道具論 ⑧ リーダーを使う意味

軟らかいＰＥラインが餌木のハリに絡むのを防ぐことが第一義

ルアーフィッシングのリーダー、エサ釣りのハリス、ともにルアーやハリを結んで魚の歯や根ズレに対処したり見えにくいフロロでカモフラージュ、という目的が一般的だが重見流エギングではその役割は別にあるのだ。

リーダーはフロロで長さは１ヒロ。何度か結び替えて残り60cmほどになった時点で新しいものに取り替える。イカが掛かったり根掛かりしなくても次第に結び目の強度は劣化するので同じ餌木を使い続ける場合でも頻繁に結び直したほうが安心だ

■ラインとリーダーのベストバランス

ＰＥライン号数	フロロリーダー号数
0.5号	1.75号
0.6号	2号
0.8号	2.5号
1号	3号

ラインはＰＥ0・5号をメインに場合によっては0・6～1号も使用する。リーダーはＰＥ0・5号でフロロカーボン1・75号、ＰＥ0・6号でフロロ2号、ＰＥ0・8号でフロロ2・5号、ＰＥ1号でフロロ3号。これが僕のベストバランス。リーダーの長さは1ヒロあればよい。

僕は釣行を繰り返してラインの先端が傷んできたと感じたら20ｍ程度切断している。なのでライン全体の交換タイミングは、たとえば最初に210ｍ巻いてあったとすると20ｍ×3回切断して全長150ｍ以下になった時。釣行回数でいえば12回くらいだろうか。これは釣行4回に1回は先端20ｍを切り捨てている計算になる。

ところで、なぜリーダーを付けるのかといえば、ＰＥは軟らかいので餌木をシャクるたびに餌木のシンカーや傘バリにラインが絡む恐れがあり、ＰＥと餌木を離す必要があるからだ。「水中では屈折率の関係で見えにくいフロロカーボン素材のリーダーでイカに違和感を与えないようにするため」という考えは僕にはない。極端な話、たとえリーダーが3㎝になってしまってもアオリイカはちゃんとヒットする。

僕の場合、餌木を結び替えるたびにリーダーが3㎝ほど短くなっていく。最終的にリーダーの残りが60㎝ほどになったら新しいリーダーに結び替える。餌木交換は他人にくらべて極端に少ないが、結び目の強度は経時劣化するので同じ餌木のままでも30分に1回は結び直している。

Q. リーダーが短いとアオリイカは警戒しますよね？

A. 極端な話、リーダー3cmでも アオリイカは餌木に抱きついてきます！

【リーダーの役割】

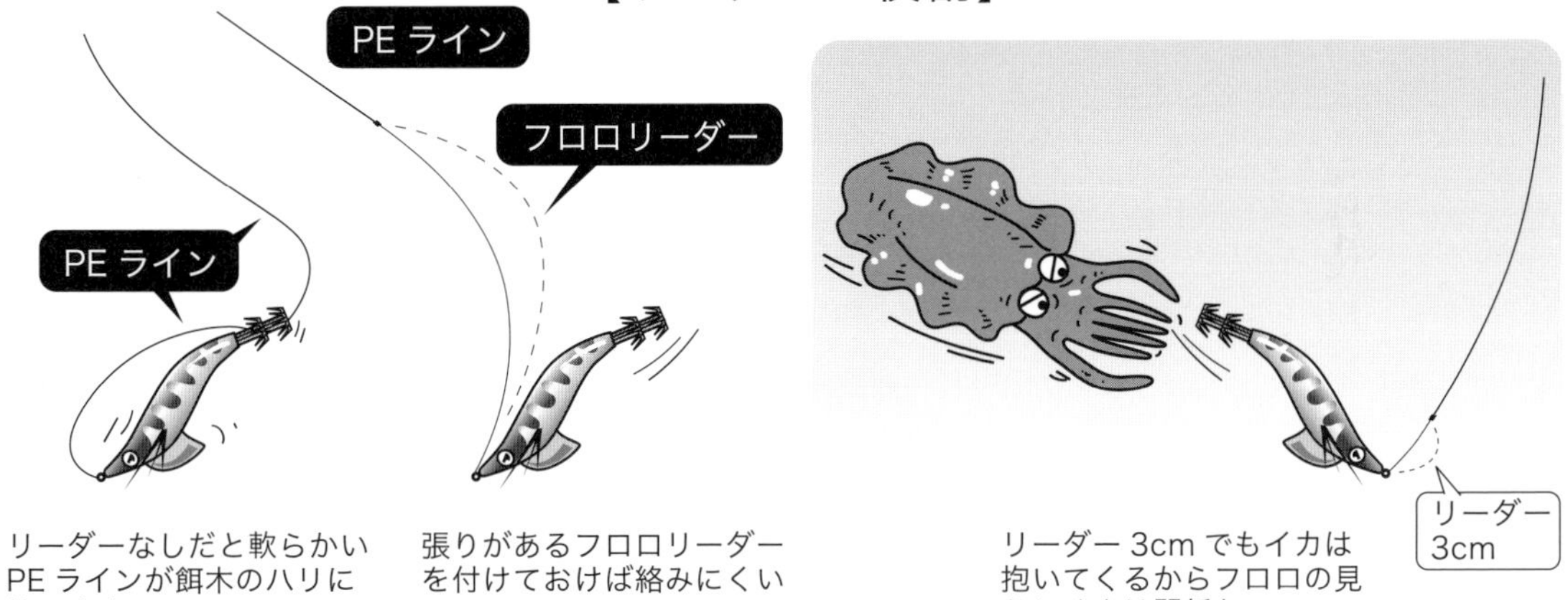

リーダーなしだと軟らかいPEラインが餌木のハリに絡みやすい

張りがあるフロロリーダーを付けておけば絡みにくい

リーダー3cmでもイカは抱いてくるからフロロの見えにくさは関係ない

◎申し訳ありませんが道具のメンテナンスしてません……

■僕は釣りから帰ってもタックルのメンテナンスをまったくしない。最近はリールの丸洗いが可能になったので、リールだけは流水で洗い流しているがロッドも餌木もそのまま。餌木はハリがサビるとかいうけど、サビる前にほとんど失ってしまうので意味なし。たまにしか使わない人は真水で洗っておいてもよい。「僕のロッドはなめたら塩味抜群！（笑）」と人に言うほど、まったく気にしていない。僕も道具は大切にしているが洗わないからといって、ガイドなどの性能が落ちたり壊れたりすることはない。魚の鱗がロッドやリールに付いていても、次回釣りに行くと知らないうちにキレイになっている。マキエを使う磯釣りをやってる頃もそうだった。僕はメーカーのテスターという立場なので恵まれている面もあるので、メンテナンスフリーを貫いているだけ。

重見さんの自宅に並べられたロッドたち。見るかぎり非常に美しいのだが……。「よかったらなめてみる？」「いえ、けっこうです」

辛口！道具論 ⑨ ランディングツール

昔は投げザオに引っ掛けバリを固定 現在はパッと開くギャフが一番

足下に引き寄せたイカが大型なら抜き上げは厳しいのでタモかギャフの出番。
ただしタモは大きく目立つのでアオリイカが驚いて最後のジェット噴射！
これでバラすことも多いから小さくて目立ちにくいギャフがオススメだ。

重見さんが使用するギャフはエバーグリーンインターナショナルの『E.G. スクイッドキャッチャー』と『スライドシャフト』。ギャフ部はワンプッシュで簡単に開き、もたつくことなくイカを掛けられる。またセーフティーフード付きで移動時や収納時も安全だ。柄部全長４.８ｍで仕舞寸法69㎝とコンパクト。超軽量で取り回しも楽々

秋の小イカなどは抜き上げてしまえばよいが、キロオーバーの大型アオリイカを取り込むためのランディングツールはギャフが一番だ。柄は長ければ長いほど便利だが、ただそれだけ重さも増すので４・８～５・４ｍがベスト。これで足場が高い釣り場でもおおむね対処できる。それ以上高い場所はロープギャフという手もあるが慣れないと使いにくい。タモでもＯＫだがランガンする際にジャマになるのと、イカが大きなタモを見て驚いて逃げる可能性が高い。使うなら先にタモを沈めておいて動かさず、その上にイカを遊動すること。ギャフなら目立たないのでイカを寄せてから引っ掛けにいってもそう逃げることはない。

もともとは僕が子供の頃に鹿児島でイカを取り込んでいた引っ掛けバリを思い出し、投げザオの先に掛けバリを取り付けて使っていた。そのうちメーカーからイカ用ギャフが発売されるようになり、タモの柄の先に取り付け当初は手動でギャフを開くようにしていたものが、今ではスプリングでパッと開くようになった。

アオリイカをギャフで掛ける際はエンペラ部分が一番ねらいやすい。ギャフを海面下に入れて待ち構え、その上にイカを引き寄せてギャフを引き上げれば波打つエンペラに自動的にギャフが掛かり、その痛み（?）でイカが驚き逃げようとしてさらにガッチリと掛かる。別にアオリイカのどの部分にギャフを掛けてもかまわないのだが、これが一番傷口が目立ちにくいし身に墨が付きにくいのでおすすめだ。

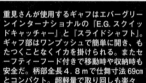

Q. ギャフでイカを掛ける場合、どこをねらえばよいのですか？

A. どこでもかまへんよ。まあ、エンペラが一番ねらいやすいけど。

辛口！道具論 ⑩ 安全装備

いつでもどこでも救命具とネオプレンブーツは必着！グローブ、偏光グラス、帽子も忘れずに

磯場や高い堤防など時として危険な場所で釣ることもあるからこそ安全面の装備は万全に。その他、釣果に直結する偏光グラス、疲労や不快感を抑制する日焼け止め、虫除けなど用意して快適にエギングを楽しもう。

磯でも防波堤でも安全に関するものはフル装備。ライフジャケット、フェルトソールブーツは必着。服装は季節に合わせればOKだが、真夏でも長袖、長ズボンが重見さんのマストだ

僕のフットウェアは年中フェルトスパイクソールのネオプレンブーツ。熱くても寒くても、磯はもちろん防波堤でもどこでも、これが一番安全。滑りにくいことはもとより、足が濡れないし足首の保護にも優れている。

救命具はどんな釣り場でも必着。エギングファンはベストタイプやウェストタイプの膨張式を使う人が多く僕も契約メーカーにそれしかないからそれを使用しているが、できるなら浮力材が入ったものをおすすめしたい。膨張式は落水した時に自動で開かないことも考えられるし、頭を打って意識を失えば手動で開くことも不可能。時間経過で内部の空気が抜けることも考えられるし、岩や貝などに引っ掛けて破れるリスクもないとはいえない。しかし浮力材入りならその心配がない。とにかく身体を海面に浮かせることが重要なのだ。そのためには正しい着用も絶対条件だ。

磯でも防波堤でも転倒時などに手を保護するためグローブはできるだけ着用しよう。

僕は5本指カットタイプを使っている。素材も特に気にしていない。寒期はエギングをしないので指が5本出ていても生地が薄手でも大丈夫なのだ。

ウェアは季節に合わせればよいが、夏場でも半袖より長袖、短パンより長ズボン。日焼けしにくいし虫にも刺されにくいからだ。サーフで足下を濡らしながら……という場合は短パンでもよい。

偏光グラスと帽子も必着。偏光グラスは海中のようすを確認しやすくするだけでなく、紫外線から眼を保護するためにも必要。必ずUVカットレンズ採用製品を選ぶこと。また偏光グラスをしていても帽子をかぶらないとフレーム上から光が入って役に立たない。帽子はキャップでもハットでもよい。サンバイザーは頭のてっぺんが焼けるから僕はイヤだ。

日焼け止めはシーズン初期のみ使用する。長袖、長ズボンなので顔にだけぬるのだが、そうしていても徐々に日焼けして黒くなったらもう塗らない。虫除けスプレーも必需品。僕は天然ハッカ油タイプをエギングだけでなく磯釣りやアユ釣りにも使っている。一般的なものにくらべ割高だが効き目は抜群。原液を買ってきて2%に水で薄めて使ってもよい。

Q. 虫が苦手です。何かよい虫除け剤ありませんか？

A. **ハッカ油タイプが最高。僕は原液を購入し薄めて使ってます。**

特に磯場での釣りは徹底した安全対策を。救命具も本来なら固形浮力材が入ったものが望ましい。取材時はまだ契約メーカーに固形式ライジャケがなかったので腰巻き膨張式で撮影。「申し訳ないけど」と重見さん

イカ王　重見典宏　釣れない時代のアオリイカ　エギング処方箋

【鉄板！入門論】

Theory!

鉄板！入門論

アングラー激増でアオリイカが釣りにくくなった現在ではあるが、入門の時期と釣り場、基本的な釣り方さえ間違えなければイカに出会うことは充分可能。「釣れる時期に釣れる釣り場で、釣れる釣り方をするだけ！」と重見さんは語る。

鉄板！入門論 ① 時期と心構え

釣りやすいのは秋のウブな小イカたち とにかくイカがいなければ何をやっても無駄

アオリイカも大きく育つにつれて警戒心が強くなるので初心者が釣りやすいのはコロッケサイズぐらいの小型。おおむね、その時期にあたるのが関西では秋だが、地域によってシーズンがズレたり年中釣れたりする。

これは２月初旬に和歌山県の煙樹ヶ浜北詰で釣れたアオリイカ。おおむね秋はコロッケサイズに育った小イカが釣れる時期ではあるが、地方によってバラつきはある。水温が高い和歌山南部では年中、小型と大型が混じって釣れる

アオリイカのエギングに入門するならその年に生まれたイカがコロッケサイズにまで育った、やんちゃな小イカの時期がベストだ。人間でも小さい子供なら飴玉1個で言うことを聞いてくれるが、大人にはその手が通じないのと同じで、スレていない子供のイカを釣るほうがイージーなのだ。

関西、特に日本海エリアにかぎっていえば秋10月。九州なら梅雨の時期から釣れるし和歌山では年中、親イカに混じって小イカも釣れる。要は各地ごとに新子の小イカが多く出てくる時期が入門に最適といえるだろう。

秋の小イカ限定なら餌木は3寸を5〜6個持って行くのが無難。オールシーズン釣るつもりなら3・5寸。餌木のタイプはノーマル。3寸を選んだ時点で飛距離には限度があり、深場を釣ることがまずないためディープタイプは不要。3・5寸を選んだ場合、お金に余裕があるのならディープタイプやシャロータイプ、3寸ノーマルも適当に追加する。カラーは自分があきないようにお好みで適当に混ぜておけばよい。

ラインも太めのPE0・8号にしておけばフロロリーダーとの接続が現場で簡単にできる電車結びで対応可能なので無難だ。それ以下の細いラインを使う場合は電車結びをすると強度が落ちるため、きちっとしたラインシステムを組んでおくこと。

入門に際して覚えておいていただきたいのは、どんな餌木（各社の餌木にどれだけアピール力、引き寄せる性能があるか僕は知らないので……）、ちまたに氾濫する

Q.

小イカ用の3寸餌木にディープタイプは必要ですか？

A.

3寸は飛距離も大して出ず、ほとんど深場をねらうことがないためノーマルだけでよろしい！

秋の小イカしか釣らないなら3寸ノーマルタイプを数個持っていればＯＫ。これは11月4日、和歌山県の串本大島の磯で釣れた小型だが、使用した餌木は爆風のなかだったので3．5寸のエクストラディープ。余裕があれば3．5寸をメインに大小サイズ違い、シンカー軽重のバリエーションを複数用意しておくことをおすすめする

さまざまなテクニックを使っても、イカが向こうを向いていたり、そこにイカがいなかったら何をしても釣れないということだ。逆にいえばイカがいるところ、イカの目の前に餌木が落ちれば釣れる。その時たまたま餌木を動かしたパターンが、あれこれとテクニックとして伝わっているにすぎないと僕は考える。

　たとえば「イカパンチの前アタリがあったのでフォローするためピシピシッと2mほどシャクリ上げ一旦イカの視界から餌木を消したら、そのイカが釣れました」…という人がいるけれども、前アタリを出したイカは餌木を触った時すでに墨を吐いているかもしれず、シャクリ上げたところにいた別のイカが釣れたのかもしれない…というのが僕の考え。どちらかというと最初のイカよりもシャクリ上げたところにいた別のイカが乗ってきた、というシチュエーションのほうが多いと思っている。

　という僕もサイトフィッシング以外では海中のようすが分からないわけだから、これが絶対正しいとは思わない。釣りに絶対はないのであって、決まったテクニックなど存在しないのだ。そんなエギングで断言できるのはアオリがいるところに投げたら釣れる、イカがいないところでは何をやっても釣れないということ。さらに長年この釣りをやっていれば「潮の流れがあるところは釣れそうな雰囲気がある」と考えられる程度だろう。その潮の流れは餌木が教えてくれる確かな情報でもあるのだ。ただし、これは釣っている本人にしか分からない。

鉄板！入門論 ② これさえ守れば！というセオリー

デイゲームでは必ず底付近を釣り続けること ポイントが分からなければ可能なかぎり遠投する

タックル準備完了、ワクワクの初釣行！　さあ、どこを、どう釣る？　答えは簡単。デイゲームなら底付近をしつこくねらう。海面を見渡してシモリや根、海藻などがあれば、その周辺。なければ大遠投で沖からねらえばOKだ。

海を見てシモリや海藻など、アオリイカが付きやすいストラクチャーが確認できれば、その周囲を釣るのが確実。何もないように見えたら、とにかく大遠投して水深を把握し沖のボトムから釣るのが近道。磯やテトラ帯などでは足下際も有力ポイントではあるが少しでも大型を釣ろうと思うなら沖だ

とにかく、これから始めようとする人だけでなくエギングをする多くの人に「これだけは守ってほしい」という事柄がある。それは……

「エギングは底から2～3mまでが勝負。必ず底付近を釣ること」だ。

デイゲームではこれが絶対。「どこ釣ってますか？」とたずねて「底を釣ってます」と答える人はたいてい釣れる。「え～っと？」と首をかしげる人は、なかなか釣れない。意識の問題だ。ただし回遊するイカをねらうナイトゲームは表層から釣っていけばよいし、デイゲームでも潮が流れ移動するイカを釣る場合は宙層に流し込んで釣ればよい。しかしデイでそんな横の釣りができる条件は1日に何時間もない。餌木を引っ張っていってくれる潮が流れる釣り場、ポイントもそうあるわけではない。

あとは「釣れる時期に釣れる釣り場に行くこと」が最低の条件。これがアオリイカ釣りの鉄則だ。「ひょっとしたら釣れるかも？」という場所で勝負をかけ、偶然釣れる場合もあるが、僕はそんな釣りをしたくない。

次に最初はどこをねらって投げればよいのか？

シモリや根など明らかなストラクチャーが確認できない場合はできるだけ沖を釣る。僕はまず「大遠投」する。しかし逆に、まず足下から釣るという人もいる。人それぞれだ。僕は小型を釣りたくないので沖から釣る。小さくてもよいから釣果を早く出したい人は足下からねらえばよい。産卵期で湾内に藻場があれば話は

Q. 底を釣るのは根掛かりが心配なのでイヤなのですが？

A. じゃあ、夜釣りをしてください。デイゲームなら底を釣らないと厳しいです。根掛かりを少なくするために水深を把握しましょう。

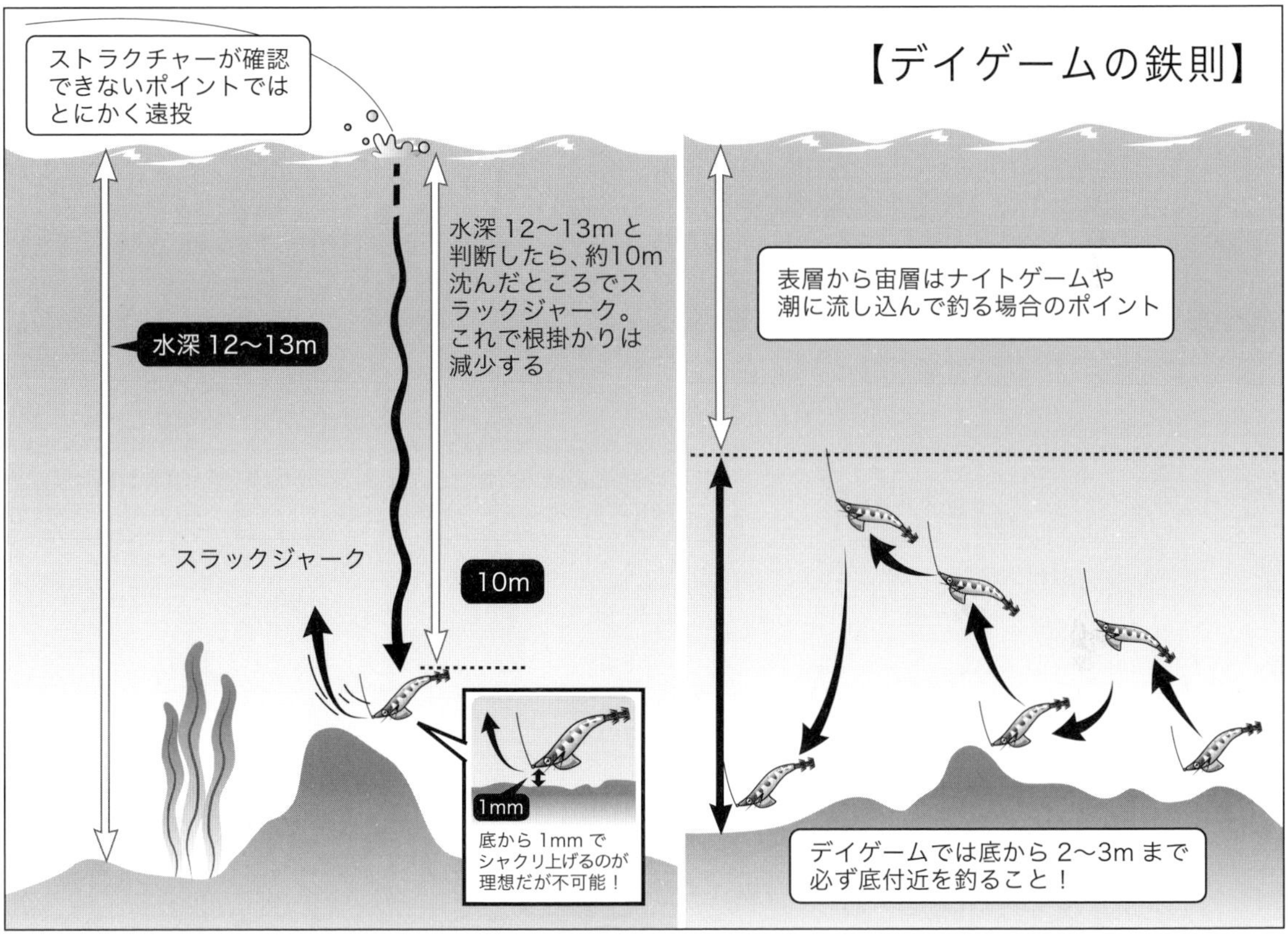

別だが「大型は沖の深いところ、ボトム付近にいることが多い」のだ。

大遠投するのはポイントの水深を把握するという意味合いも兼ねている。まずボトムまでカウントしながらきっちり沈めてみる。昔はメタルジグを投げて水深を測っていたこともあるほど。慣れてくれば餌木の沈下時間でだいたいの水深が分かるようになる。仮に水深12〜13mと判断した場合、次からは餌木が10m沈んだ頃を見計らってスラックジャークをかける。こうすれば、そうそう根掛かりして餌木を失うこともなくなるのだ。着底直前、底から1㎜でシャクリ上げるのが理想だが、海底には凹凸があり海藻も生えているので、実際には誰もそんなことはできない。要は底付近を釣るということなのだ。

僕は投げた餌木を回収するまでの時間が異様に長い。シャクっては送り込むしリールもあまり巻かないので、人の3倍ぐらいは餌木が海中に入っている。リールのハンドルを持つ左手をポケットに突っ込んでいることも度々。スラックを多少取る時もサオを持つ手の指でローターを少しだけ回転させたり。しつこく探って反応がない場合のみ、リールを巻いて餌木を移動させる程度なのだ。

もちろん潮の流れによっては、どんどんリールを巻かなければいけないこともあるし時と場合によるのだが、基本は餌木をフォールさせるということ。フォールさせようと思えば餌木を持ち上げないといけない。これを海中でどれだけ長く繰り返せるかが大切なのだ。

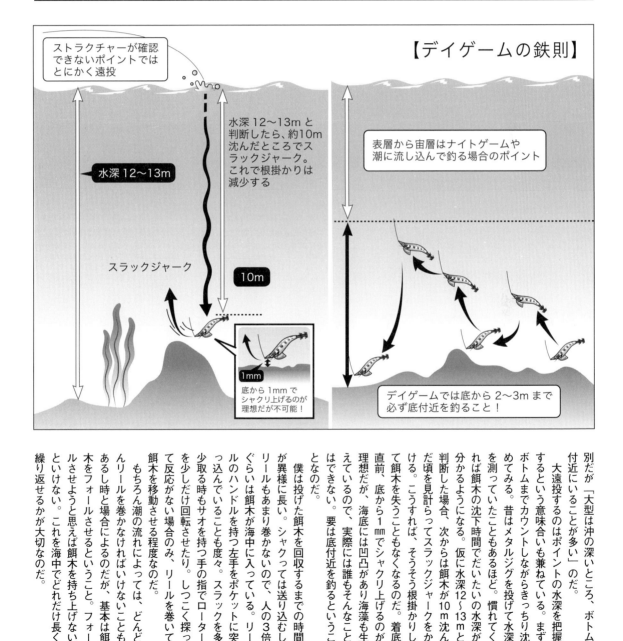

鉄板！ 入門論 ③ キャスティングとラインメンディング

飛距離を稼ぐのは長めのタラシ1ヒロ キャスト直後の風に対するケアを忘れずに！

特にバスフィッシングをやっていた人に多いのが極端に短いタラシによるキャスティング。エギングはバスほどのピンスポット打ちは必要としないので長めのタラシで飛距離を優先させよう。また投げ終わったあとの放ったらかしは厳禁だ。

重見さんがキャストする時のタラシの長さはロッドにもよるが、ロッドを立てて元ガイドより餌木が少し下にくる程度。つまり1ヒロのリーダーより少し長いくらいだ

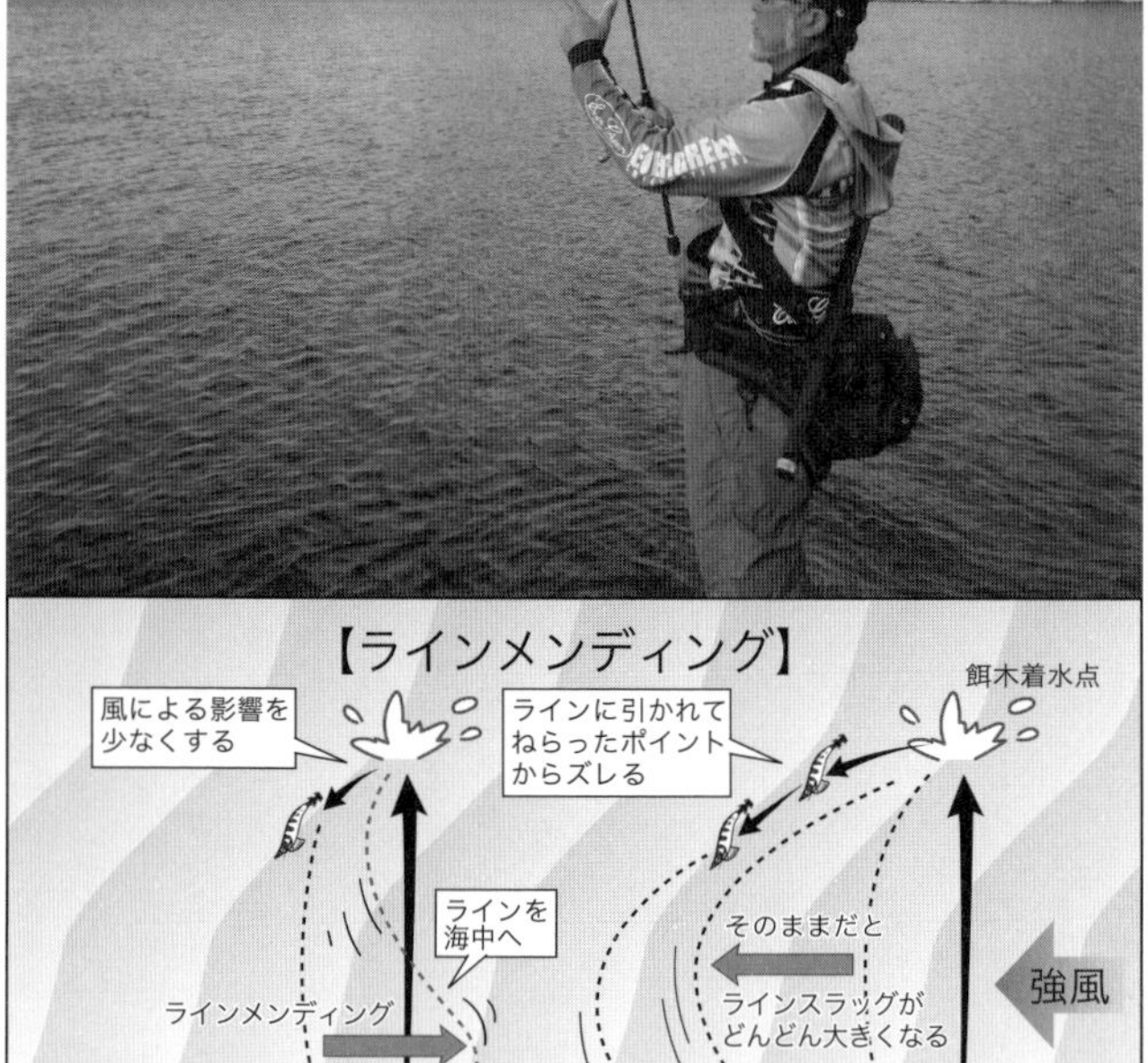
着水直後にロッドティップを下げて風上側に倒し、少しでもラインスラックが大きくなるのを防ぐ

上手にキャストするには、まずは慣れることが一番。遠投のコツはサオ先から餌木までの長さ、つまりタラシを長めにしておくことだ。僕がキャストする時のタラシは非常に長い。1ヒロぐらいは取っていると思う。つまりリーダーの長さ分ということ。ラインとの結び目をトップガイドより外に出しておけばキャスト時に結び目がガイドに当たる抵抗がなく、多少ではあるが飛距離アップにつながる。

　スイング自体はけっこうゆっくり。フォームはスリークォーターぐらいだろうか。長いタラシの遠心力を利用して餌木を遠投する。もちろん周囲に人がいないか充分確認してからだ。バスフィッシングのように10㎝ほどのタラシで餌木を投げるとロッドを折ってしまう可能性大だし、それでは全然飛ばない。バスのようなピンポイントのコントロール性はエギングに必要ない。チェイスしてきたイカをねらう際や至近距離のストラクチャーをねらうキャストはアンダースローのチョイ投げでOKだ。

　キャストを終えてラインをそのまま放置している人が実に多い。特にPEラインは非常に軽いので、風が強い場合は風下に大きくふくらんでしまい、潮の流れも手伝ってねらっていたポイントから餌木がそれてしまう。

　そこでキャスト直後のラインメンディングがとても重要になるのだ。餌木が着水したら人差し指をスプールに当てて出ていくラインを止め、サオ先を下方に向ける。海面に届く距離であればサオ先を海面に突っ込み、風上に向かって海面を切るようにしてラインを沈め、余分なスラックを取るようにするのだ。そしてサオ先を下方に向けたままラインを送って餌木を沈めれば、それほど風の影響を受けることなくねらったポイントに餌木を沈下させることができる。

Q. 投げ終わったら、どんどんラインを出して餌木を沈めてよいのですか？

A. 無風ならそれでもよいけど風がある日は一旦ラインの出を止め、ティップを下にしスラックがふくらむのを抑えないとダメ。

【ラインメンディング術】

①キャストフォームはスリークォーター。目標を見定めキャスト開始

②ロッドの反発力、長いタラシの遠心力を利用して餌木を飛ばす

③餌木着水までフォロースルー

④着水したらベールオープンのまま人差し指をスプールに当て、ライン放出を一旦ストップしロッドティップを下に向ける

⑤風が強ければティップを海面に突っ込んで風上に向かって海面を切るようにラインを沈めてスラックのふくらみを解消させる。餌木がどんどん沈むようであれば、このあとでラインを出せばよい

鉄板！ 入門論 ④ 結びの基本

早い！強い！簡単！ノーネームノット「リーダーを張って作業する」これが楽に結ぶコツ

餌木釣りをエギングに変えたのは細いＰＥラインの功績。
ただしリーダーとの接続が面倒で慣れていないと現場で時間ばかりくってしまう。
細くて強いＰＥの特性を最大限に発揮させるためにもラインシステムに慣れよう。

現場でラインシステムを組む際はリーダーをピンと張って作業すると楽。重見さんの場合は両脚のあいだにリーダーのスプールを挟んで引っ張っている

現代エギングには細いＰＥラインとフロロリーダーが必要不可欠。接続が面倒ではあるが、きっちりラインシステムを組んでライン強度が生きるようにしよう

ＰＥラインとフロロリーダーの接続はユニチカのホームページで杉原正浩さんが動画解説しているノーネームノットを僕も利用している。ＦＧノットなどにくらべ非常に簡単でスピーディーに結べるし、強度的にもそこそこ。動画でも紹介しているが作業中にリーダーをピンと張っておくことが重要で、釣り場で作業を行なう際、僕は両脚のあいだにリーダーのスプールを挟んでいる。こうすることで非常に楽に結べるし、結び目もきれいに仕上がるのだ。０・８号以上の太いＰＥラインを使う場合は現場で簡単にできる電車結びでもかまわない。

とにかくデイゲームのエギングはボトム付近をねらうので、気を付けていても根掛かりは避けようがない。税金みたいなものだ。ラインとリーダーの接続は現場でさっと行なえるように慣れるまで練習しておこう。

リーダーに餌木を結ぶのはブリンソンノット（ハングマンズノット）。これも同ホームページ内に動画があるので参考にしていただきたい。

リールのスプールにラインを巻く場合は８の字結びで大きなチチワを作り、スプールにダブル掛けしてセロテープで固定。スプールによっては適当なラインで下巻きすることもある。その場合はライン同士を電車結びで接続する。

●ユニチカＨＰ（https://www.unitika.co.jp/fishing/knot/index.html）

Q.

ノーネームノットをもっと詳しく知りたいのですが？

A.

ユニチカのホームページ見てください。友人の杉原君が動画で解説しています！

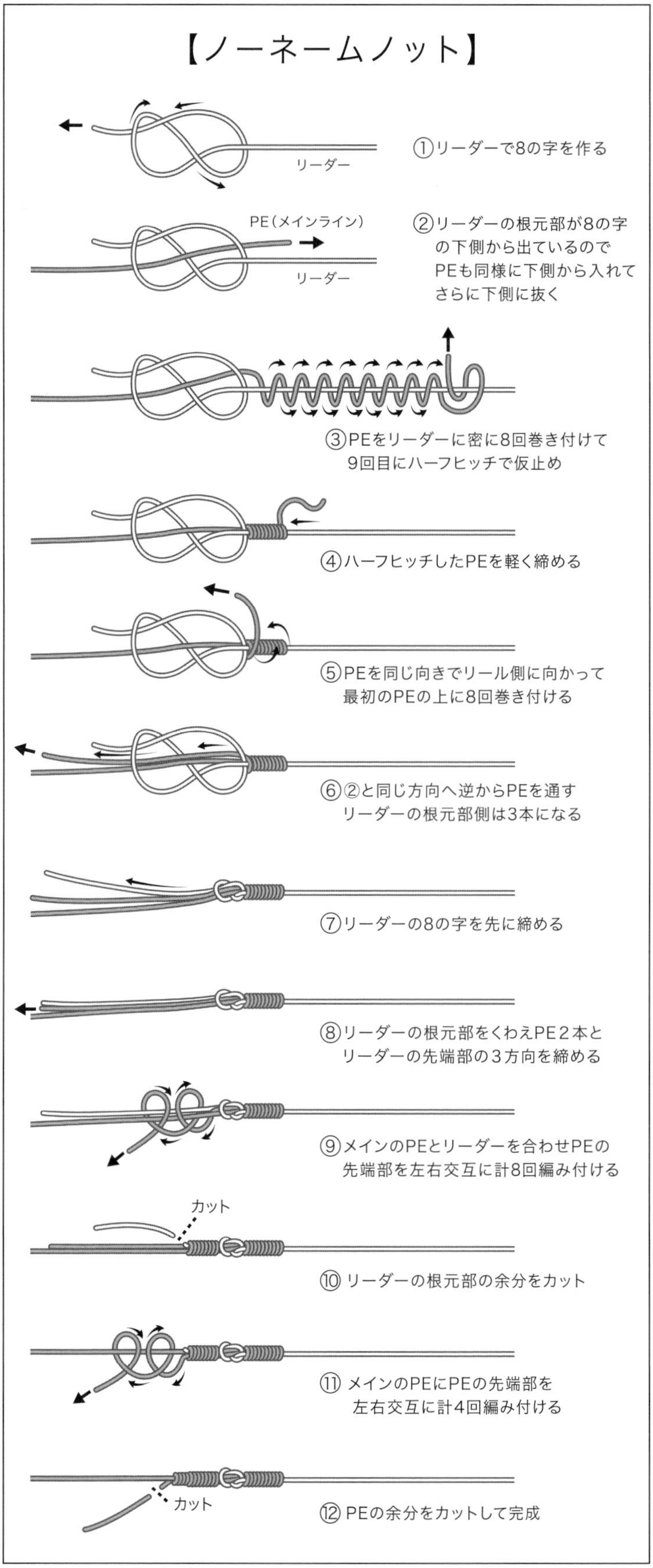
【ノーネームノット】
リーダー
①リーダーで8の字を作る
PE（メインライン）
リーダー
②リーダーの根元部が8の字の下側から出ているのでPEも同様に下側から入れてさらに下側に抜く
③PEをリーダーに密に8回巻き付けて9回目にハーフヒッチで仮止め
④ハーフヒッチしたPEを軽く締める
⑤PEを同じ向きでリール側に向かって最初のPEの上に8回巻き付ける
⑥②と同じ方向へ逆からPEを通すリーダーの根元部側は3本になる
⑦リーダーの8の字を先に締める
⑧リーダーの根元部をくわえPE２本とリーダーの先端部の３方向を締める
⑨メインのPEとリーダーを合わせPEの先端部を左右交互に計8回編み付ける
カット
⑩リーダーの根元部の余分をカット
⑪メインのPEにPEの先端部を左右交互に計4回編み付ける
カット
⑫PEの余分をカットして完成

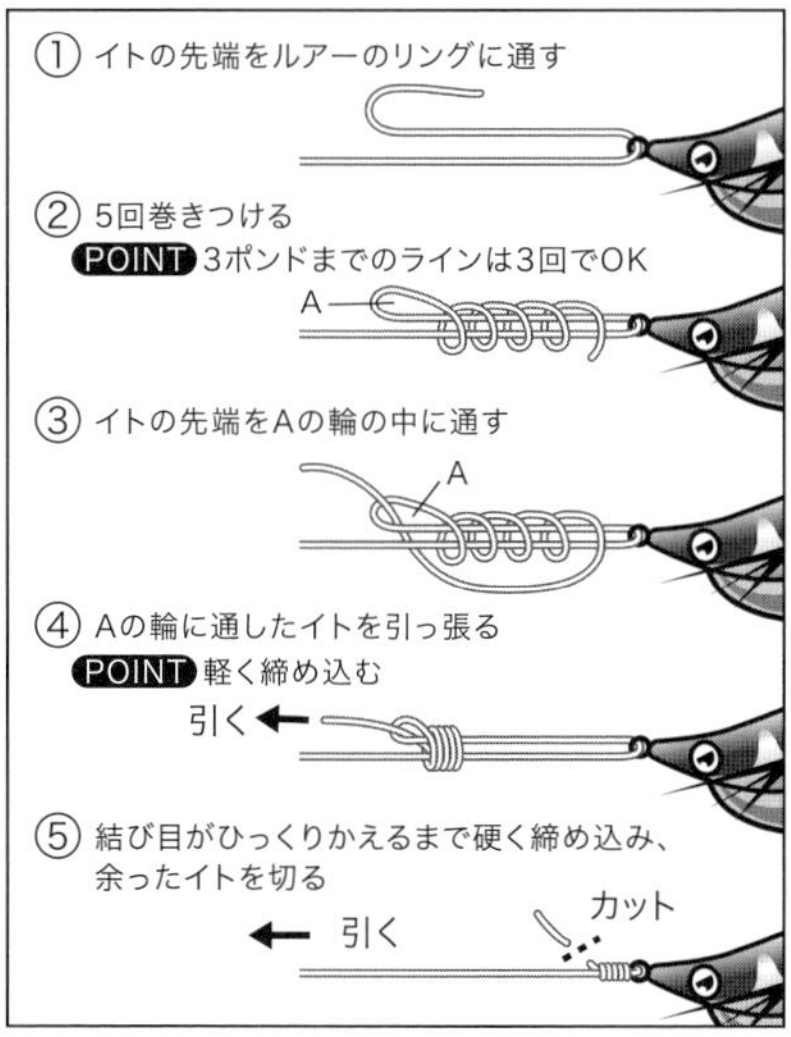
①イトの先端をルアーのリングに通す
②5回巻きつける
POINT 3ポンドまでのラインは3回でOK
A
③イトの先端をAの輪の中に通す
A
④Aの輪に通したイトを引っ張る
POINT 軽く締め込む
引く
⑤結び目がひっくりかえるまで硬く締め込み、余ったイトを切る
引く
カット

鉄板！ 入門論 ⑤ 漁港・防波堤の釣り方

期待値マックスの防波堤先端から外側を優先！ 内側チェックは外側を根元まで釣ってから

第一に考えることは最も活性が高いアオリイカがどこにいるかということ。漁港では最も潮通しがよい沖にある防波堤の先端、その外側から釣り始めるのがセオリーというわけだ。とにかく期待値が高い場所から効率よく釣り始めよう。

漁港防波堤の先端部は潮通しがよく深くてミオ筋などがあるので、まずはこうした場所からねらいたい。ストラクチャーが確認できないことが多いが、とにかく遠投して探りを入れてみよう

エギングのメインのフィールドである漁港では最も沖に位置する防波堤先端から釣りを開始し、根元に向かって戻ってくるのが僕の流儀。なぜなら先端部がいちばん潮の動きがよいと思うからだ。根元から釣りを始めると最も期待値が高い先端にまでたどり着かないことも考えられ、一体何をしに行ったのか分からない。とにかくいちばん釣れると思われる先端から釣り始め根元までをチェック、それでダメだったら別の場所に行って同じことを繰り返すのだ。

先端部は潮当たりがよいだけでなく水深がありミオ筋もある。水深があるため海底のストラクチャーは見えないが、その分、想像力を働かせ、いろいろな釣り方が試せるので、それだけ時間をかけてチェックしている。

先端部で外側、内側どちらから先に釣るかというと、やはり外側だ。まずは適当に投げてみて潮の流れを把握、次からは最も潮上に餌木を入れて釣ると効率のよい釣りができる。また当て潮の場合は餌木が足下に寄ってくるが、防波堤の足下はあまり誰もねらいたがらないが実は好ポイント。当て潮で足下が潮下側になっていたら、次からは足下へチョイ投げして直接ねらう。水深があり底が見えなくても防波堤の足下には敷石が入っているので、アオリイカにとってはよいストラクチャーなのだ。

テトラが入っている場合も、海中にあるテトラの切れ目、海底との接点がポイントになる。テトラが入る部分と入ってない部分の境目も潮流変化が生じるため

Q. 先端まで行くのが面倒なので防波堤の根元から釣ってもよいですか？

A. 個人の自由ですが、僕なら最もオイシイ先端からまず釣りますよ。

【防波堤の釣り方】

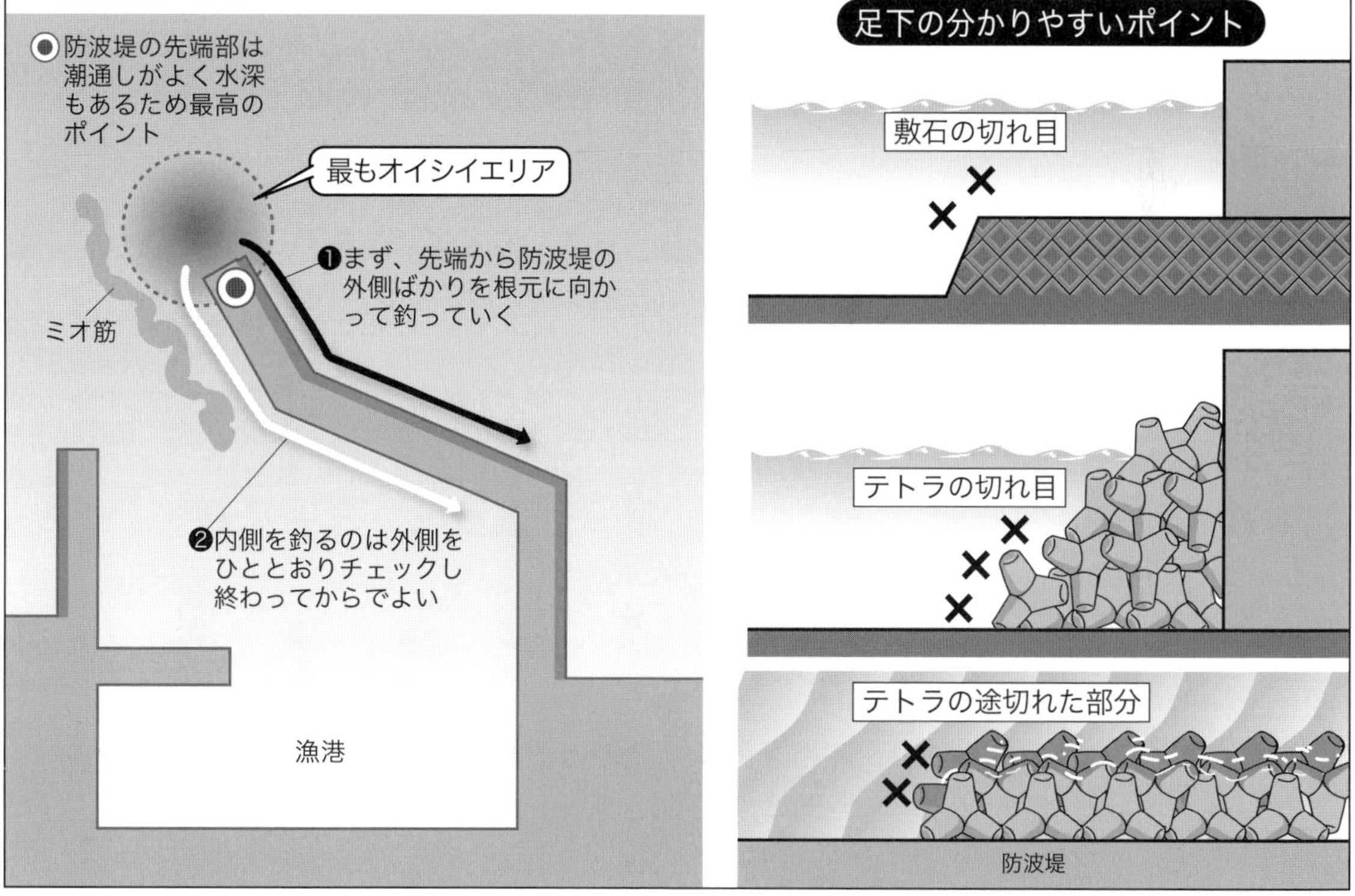

◉防波堤の先端部は潮通しがよく水深もあるため最高のポイント
最もオイシイエリア
ミオ筋
❶まず、先端から防波堤の外側ばかりを根元に向かって釣っていく
❷内側を釣るのは外側をひととおりチェックし終わってからでよい
漁港
足下の分かりやすいポイント
敷石の切れ目
テトラの切れ目
テトラの途切れた部分
防波堤

好ポイントである。

とにかく防波堤では「先端外側から釣り始め」たら外側だけ根元までチェックし、ダメならもう一度先端に行って内側だけチェックすればよいわけだが、外側で少しでも釣れるなら基本的に外側を重点的に釣ればよい。外で釣れない時は内側でも釣れないことが多いが、絶対とはいえないので、多少は内側のチェックも忘れずに。

防波堤外側のチェックが終わったら内側も釣ってみる。係留された漁船などの下、周辺にはベイトが溜まるためアオリイカが付いていることが多い。大型はあまり期待できないが……

鉄板！ 入門論 ⑥ 磯の釣り方

渡船で渡ったらまずは船着きからスタート その後は風を背に受ける方向にランガン

基本的に磯で釣る場合も防波堤と考え方は変わらない。
目に見えるストラクチャーはもちろん潮目などの潮流の変化点、
ベイトの有無などが攻略のカギ。サーフはストラクチャーのピンスポットをねらうしかない。

渡船を利用して沖磯へ渡った場合は船着きが第一のポイントになる。水深があり渡船のスクリュー音や水流でベイトが活気付き、それに刺激されたアオリイカの活性も上がるからだ。シモリや海藻などストラクチャーが確認できればその周囲を重点的に釣ろう

磯場は防波堤の敷石と違い磯際の海底形状がどこまで続いているか分からないので、潮が流れていれば餌木を流し込んでドリフトで釣ることがけっこう多い。沖縄や奄美で白いサーフに黒い磯がある場合は、その境目がはっきりしているので防波堤と同じように、磯に潮が当たる側の切れ目をきっちり決め打ちできる。関西圏の磯では水の透明度がそこまでないので、それは無理。

とにかくシモリでも藻でも、アオリイカが身を隠せる何らかのストラクチャーがあることが重要。何もないところにアオリイカはまずいないと思う。何もないところを移動中のイカはまず餌木に乗ってこないと思うし、潮に乗ってベイトを追いかけ捕食しているイカの場合は、潮流の変化とベイトをストラクチャーとして考える。これは防波堤で釣る場合も磯で釣る場合も考え方は同じ。場所は違っても同じイカなのだ。

渡船で沖の独立磯に渡った場合は、まず渡船を降りた船着きから釣り始める。ポイントを探してウロウロするのも面倒くさいし何より渡船のエンジン音や、かき回された水流で海中のベイトが活気付き、それにともなってアオリイカの捕食スイッチが入るのだ。アオリイカにかぎらず、どんな魚でも磯の船着きは水深もあり最高のポイントになっていることが多く、よく釣れる。

その船着きから右回り、左回りどちらにチェックしていくかは風次第。「風を背に受けて投げやすい方向」が正解なのだ。わざわざ投げにくい向かい風になるほう

Q. 磯で釣っているのですが、めちゃ潮が速いことがあります。どう釣ればよいでしょう？

A. 餌木を宙層で流し込んでドリフトの釣りをしてください。レバーブレーキ式リールを使うと楽ですよ！

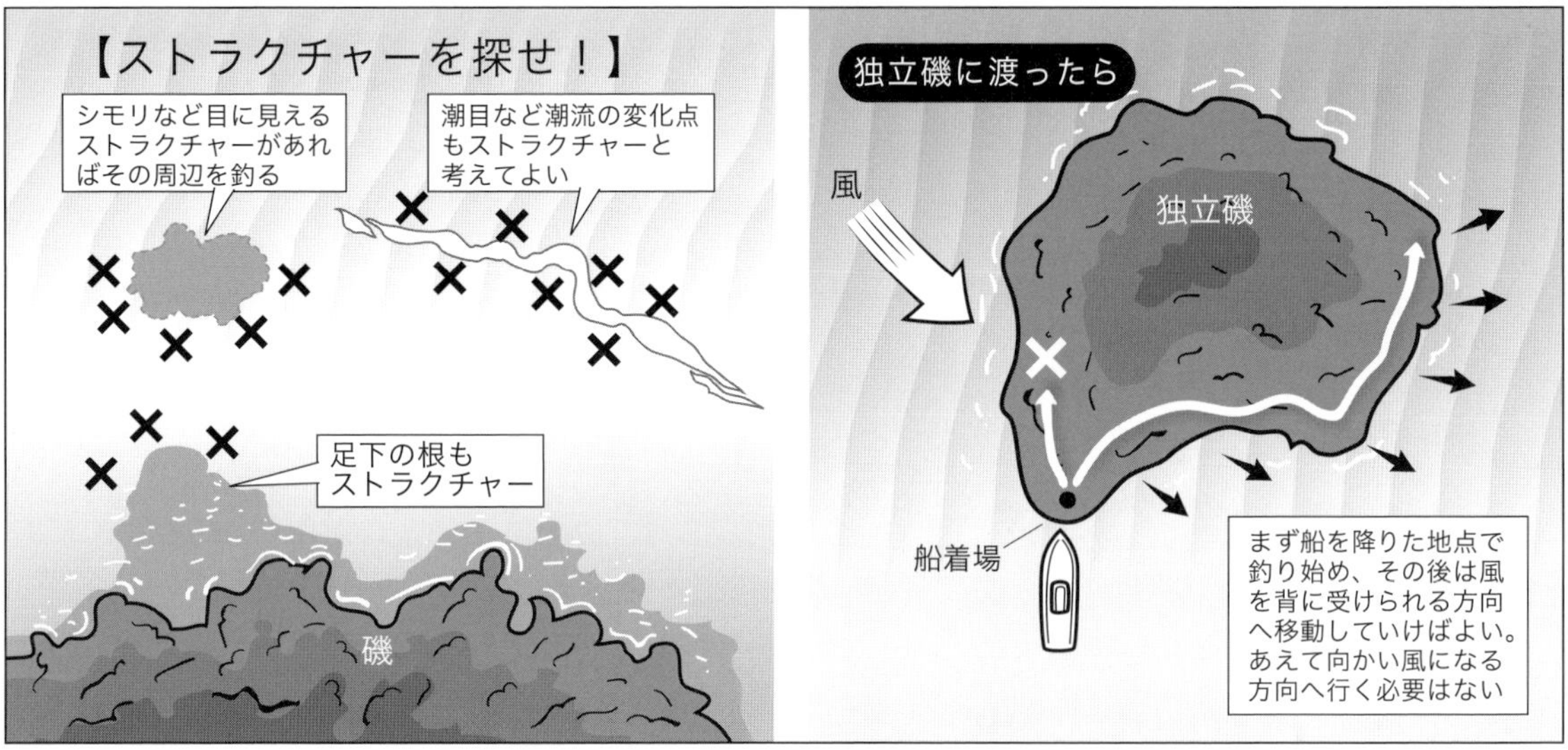

◎サーフもポイントだが朝夕マヅメ限定

■浜＝サーフは基本的に肉眼で確認できる岩や藻など点在するストラクチャーのピンスポットねらいだ。砂や砂利だけの浜では釣りをしないが、例外として徳島県南部の海部川河口の浜は波打ち際から急に深くなっており、少し先で水深10ｍ近くあり、浜の所々に発生する離岸流に餌木を流し込んでカーブフォールでねらうことがある。あまり手前を探るとラインがカケアガリの肩に擦れて傷むので、その手前で回収すると安全だ。

■基本的にサーフは朝夕マヅメしかサオをださない。日中は青ものなど回遊魚が集まるのでアオリイカは警戒してストラクチャーに身を潜め活動しないからだ。朝夕はベイトが接岸するためアオリイカも動く。他の釣り場への行き帰りにちょっと立ち寄る程度がちょうどよい。

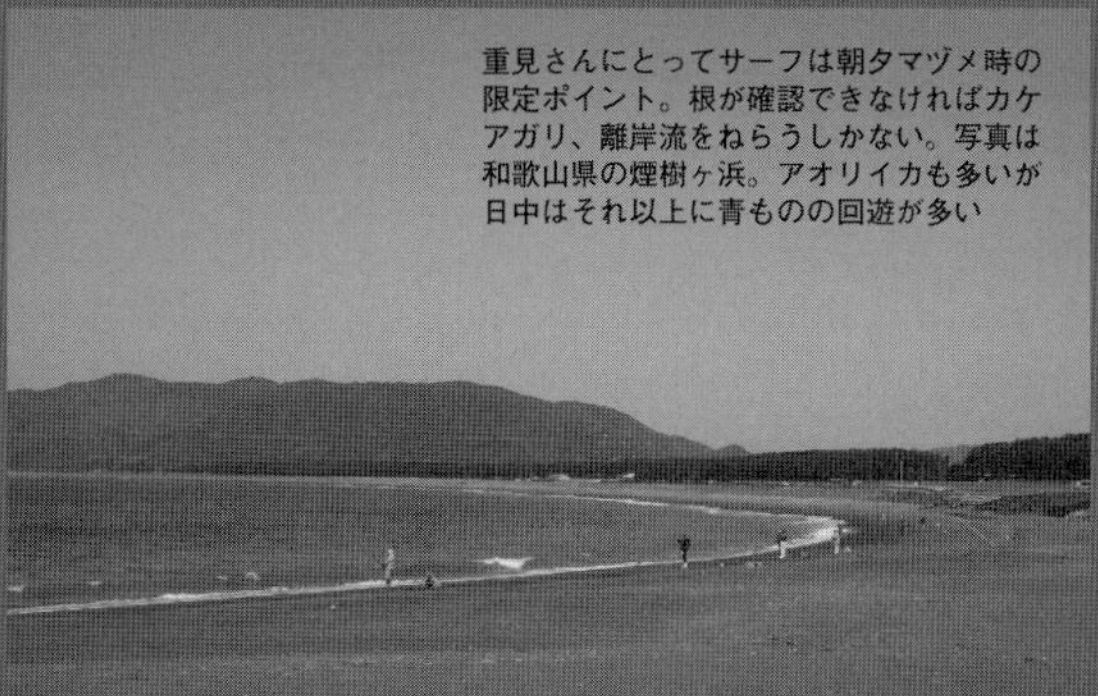

重見さんにとってサーフは朝夕マヅメ時の限定ポイント。根が確認できなければカケアガリ、離岸流をねらうしかない。写真は和歌山県の煙樹ヶ浜。アオリイカも多いが日中はそれ以上に青ものの回遊が多い

へ移動することはない。要するに自分が釣りやすいところ、ちゃんと釣りができる場所で釣りをすることが大切なのだ。そこがダメということになって初めて釣りにくい場所を釣ればよいのである。

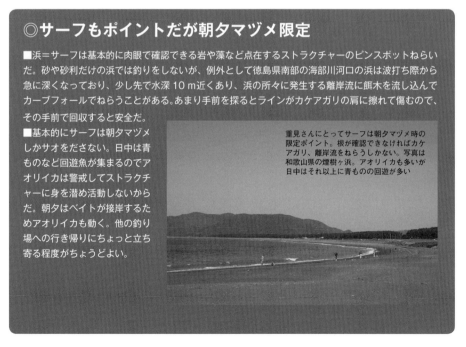

鉄板！入門論 ⑦ 潮流と水温

流れは餌木の引き抵抗で察知するのみ「水温低下」は釣れない時の言いワケ

潮は流れているほうがよいに決まっているが、海中の流れは実際に餌木を引いてみないと分からない。
水温の高低に関しても「釣れている釣り場」に行って実際に釣れればそれでヨシ。
重見さんはまったく気にしないのだ。

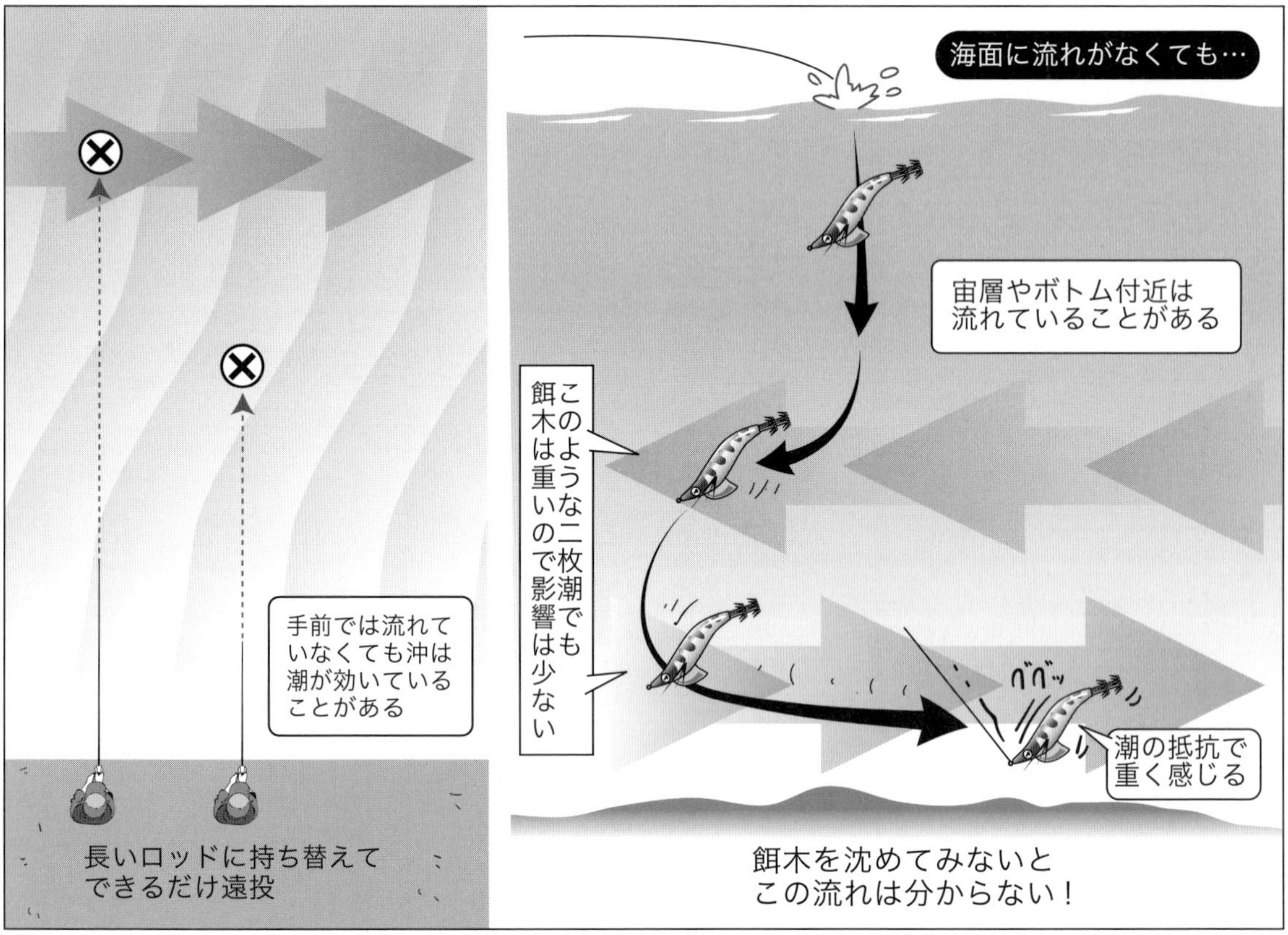

潮の流れでアオリイカが釣れそうだと感じる時がある。それは海面の見た目ではなく、海中にある餌木が伝えてくれるものだ。

軽く引けた餌木が重く感じるとか、顕著な場合は餌木が引っ張られるとか持っていかれる…などというぐあいだ。もちろん潮が流れていなくてもアオリイカが釣れる場合があるが、潮の流れが感じられる場合は、より釣れそうな気がするし実際によく釣れる。

潮の流れ方は自分の立ち位置で変化する。とにかく餌木を投げてみないことには、海中の潮の流れ方は分からない。目に見える海面の流れ方と、特に海中の底付近の流れ方は違っていることが多い。また餌木を投入する距離によっても潮の流れは変化するので、かなり沖でしか潮が効いていないと感じれば長ザオに持ち替え、できるだけ遠投して釣る。そのためサオは長短何本か持参しておくほうがよい。島根県大社の磯ではこのパターンがほとんどだ。

たとえば磯で釣る場合、当て潮でも出て行く潮でもエギングは可能。釣り場の地形にもよるので、どちらがよいというものではなく、まずは釣りやすいほうを選べばよい。当て潮で釣れなければ、その反対側の出て行く潮を釣る。沖のシモリ、沈み根周りを釣る場合も同じ。何回か投げてみて何度も根掛かりするようなら、その反対側を釣る。いわゆる二枚潮も2gとか3gのライトリグなら影響大だが、エギングは重い餌木を使っているため、ほとんど影響を感じないし気にし

Q. 二枚潮はエギングの大敵ですか？

A. アジングなどのライトリグならいざ知らず、重い餌木を使っているので、ほとんど影響ありません。

渡船利用の釣りでは船長に状況を確認するのがいちばん。初めての釣り場では、どのポイントの潮の動きがよいか、釣りやすいか…など得られる情報は多い。水温変動に関しても船長は熟知しているが、ただし船の水温計は海面直下の温度なのでボトム付近の水温は結局分からない

潮流は海面を見ただけでは分からない。特にデイエギングはボトム付近をねらうので、海面の流れは参考にならないのだ。結局、餌木を投げてみて、その引き抵抗による感触で情報を得る以外にない。写真のように海面には、まったく流れがなくても底では動いているかもしれないのだ

たことはない。

水温によってアオリイカがよく釣れるかどうか気にする人が多いが、僕は「今釣れてますよ」という情報のみで動くので、その時のその釣り場の水温が何度か気にしたことがない。ただ、釣りを開始してアオリイカの反応が薄ければ海中から引き上げた餌木に触れて「冷たいなあ」と水温の低下を感じることはある。そして「今日は水温下がっているからあきまへんわ」と釣れない原因をこじつけるのである。逆によく釣れる日は、そんなことどうでもよくなって、これまた水温を気にしないのだ。

鉄板！ 入門論 ⑧ 潮位と潮色

満潮干潮のよしあしは釣り場によって変化 緑色の潮と底ウネリによるニゴリはよくない

さあ、久しぶりの休日。エギングに出かけよう！　んっ？
でも潮回りがよろしくないし雨後でニゴリも……。ということで釣行を断念する必要はまるでなし！
そんな条件にマッチするポイントを探せばよいだけだ。

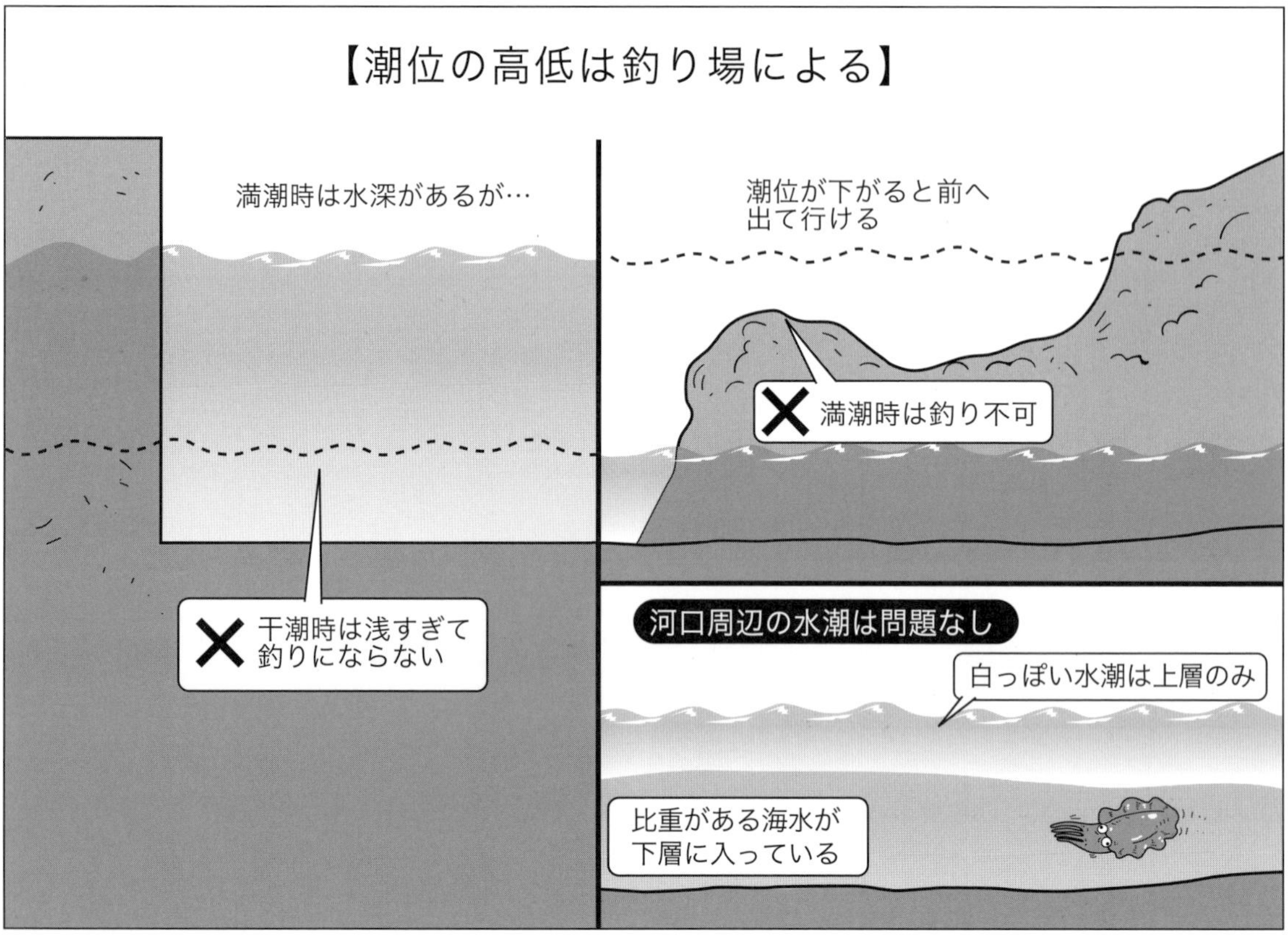

【潮位の高低は釣り場による】
満潮時は水深があるが…
干潮時は浅すぎて釣りにならない
潮位が下がると前へ出て行ける
満潮時は釣り不可
河口周辺の水潮は問題なし
白っぽい水潮は上層のみ
比重がある海水が下層に入っている

潮位の高低、そのよしあしは釣り場によって変わるし、実際に釣りに行ってみないと分からない。潮が引けば沖に出られる岩場もあるし、満潮時には深すぎるポイントでも潮が引けば釣りやすくなるし、逆に浅すぎる場所は満潮時によいポイントになるかもしれない。潮位、干満に関しては絶対的な条件はなく、あくまでも釣り場ごとでの話なのだ。

僕自身、この日は満潮が何時だからといって釣り場を選んだことはない。特にロケでは潮位ウンヌンにかかわらず釣りに行かなければならないのだ。一般の人が潮がわるいからといって、せっかくの休日に釣りに行くのを断念しないのと同じようなものだ。とにかく現場に行ってみて、その時の潮位にマッチするポイントを探せばよいだけのことだ。

潮色に関しても初めての釣り場では比較しようがないが、感覚的にニゴリが入っているかどうかは判断が付く。経験則として植物性プランクトンが多く緑色をした潮色の時はよくないと思う。ラインが汚れるのも難儀だ。同じニゴリでも川のからのニゴリは表層だけなので大丈夫。アオリイカは釣れる。しかしウネリによって砂や泥が巻き上げられた底ニゴリはアウト。そんな底ニゴリで釣れた試しがない。まあ僕が釣れないと思い込んでいるだけで、ひょっとしたら可能性はゼロではないと思うが、僕はそんな条件では餌木を投げない。サイトもできないし釣りをしていても面白くない。

じゃあどうする？　話は簡単、底ニゴリの入っていない場所に移動すればよい

Q.

河口から近く白っぽい水潮が流れ込んでいます。アオリイカは釣れますか？

A.

問題ありません。比重のない真水は表層のみ。底付近はしっかり海水ですから！

のだ。場所移動が不可能という最悪の状況では、防波堤なら足下をねらうと、まだ釣れる可能性が高い。

いわゆる白っぽい水潮は、川ニゴリ同様に大丈夫。南紀の日置川などは、国道42号より上流の川中でアオリイカが釣れる。比重のない真水は上層を流れているが、底のほうは比重のある海水が入り込んでいるからだ。

干潮時は浅すぎて釣れる気がしない釣り場も満潮時は頃合いの水深になるので期待できるかもしれない

満潮時は無理だが潮が引けば沖のほうまで陸続きになり歩いていける好ポイントもけっこうある

白く濁った河口の釣り場。海面付近の上層は真水が回っているが、宙層から下のボトム付近は海水なのでアオリイカは活動できる

鉄板！入門論 ⑨ 天候と時間帯

曇りや雨はよく釣れるが僕は晴れが好き 朝夕マヅメがイカのお食事タイムとはかぎらない

釣果だけを考えれば雨の日やナイトゲームということになるのだろうが、釣りの快適さを第一に考える重見さんが楽しむのは曇りもしくは晴れ。さらにサイトがしやすい晴れのデイゲームがベストなのだ。

重見さんは雨の日は釣らない。「だって、カッパ着ていても袖口から雨入ってくるし、気分よくないじゃない」なのだそう

天気は晴れよりも曇りの日のほうが絶対によく釣れる。夏場は人間もそのほうが楽。雨の日は個人的にカッパの袖口から水が入るので釣りをしたくないが、曇り同様、よく釣れると思う。ただしサイトフィッシングはしにくくなるので、僕は晴れの日のほうが釣りやすい。

釣れないことはないが、ウネリはないにこしたことはない。ナギの日がベター。ウネリは海面だけでなく海中も上下しているので、ベイトもアオリイカも大きく揺られ捕食活動もつらいと思うからだ。磯でウネリがある場合は磯の近くほど上下動が大きいので、できるだけ沖を釣る。基本的にウネリが高い日の釣りはしないようにしている。

また底ウネリが入って砂を巻き上げ底ニゴリがある場所は、ほとんど釣れない。というより、そんな場所にアオリイカはいないと思う。アオリイカは自分の体内に砂が入るのを嫌うから、というのが僕の考え。

時期にもよるが朝夕マヅメと日中では光線量が違うので、朝夕のほうがアオリイカの警戒心が低く釣りやすい。明るい日中はこちらからもよく見えるのと同じで、海中のイカにも釣り手のようすが伝わりやすいからだ。しかし水温が低い春先だと、日が高くなって海中の水温が少しでも上がる日中のほうがアオリの活性が上がるかもしれない。

つまり朝夕がイカのお食事タイムと決まっているわけではないのだ。潮が動いていない時はあまり食わないと思うが、アオリは年がら年中、四六時中ベイトを

Q. アオリイカがエサを食うのは朝夕や夜間でしょうか?

A. 潮が動いていれば明るい日中でもエサを食っていると思う。お腹がすいた時が彼らのご飯時だから。

薄暗い朝夕マヅメはアオリイカの警戒心も低く釣りやすい時間帯ではあるが、日が昇れば釣れないかというと、そういうことではない。アオリイカの食い気の問題だ

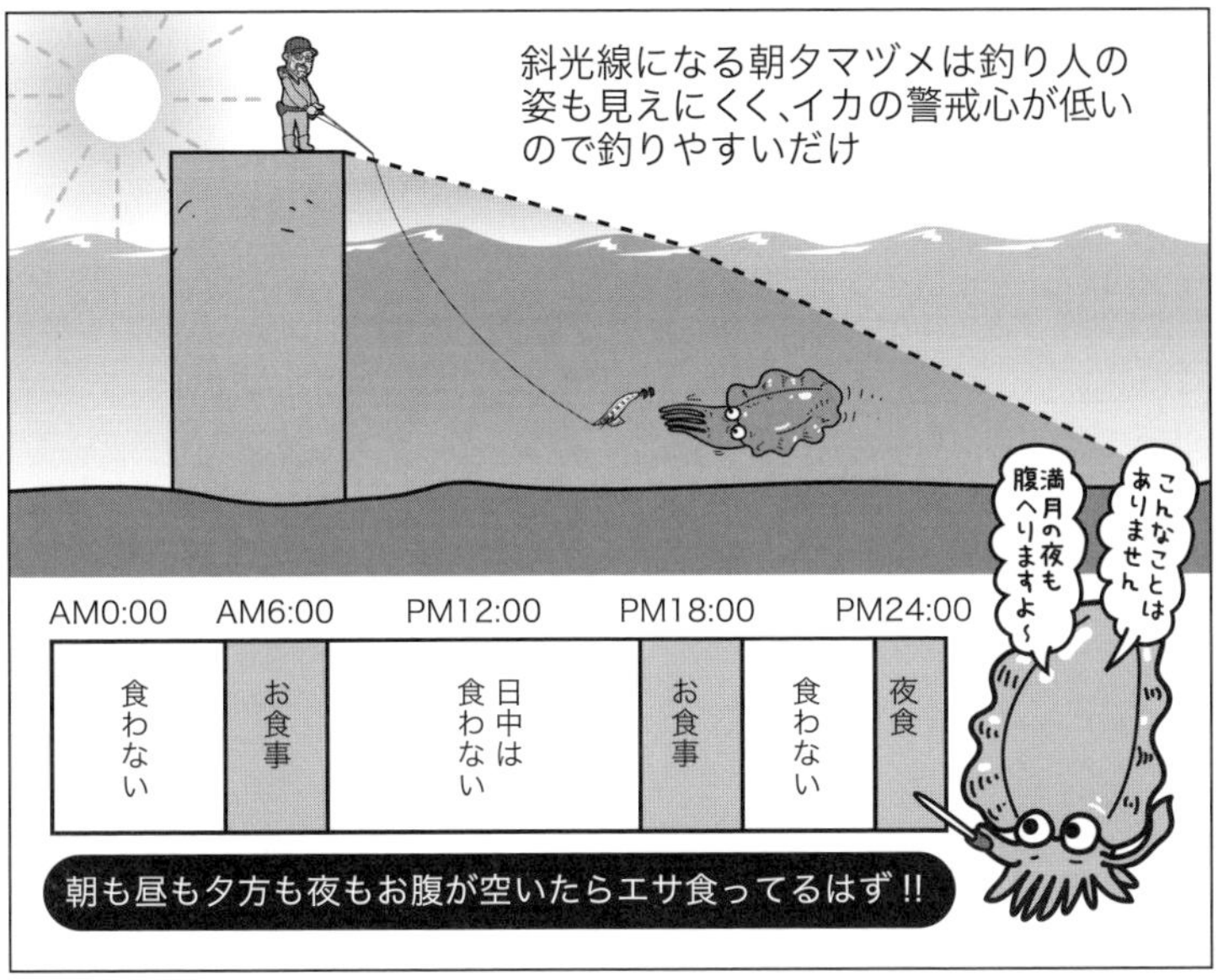
斜光線になる朝夕マヅメは釣り人の姿も見えにくく、イカの警戒心が低いので釣りやすいだけ
こんなことはありません
満月の夜も腹へりますよ~
AM0:00
AM6:00
PM12:00
PM18:00
PM24:00
食わない
お食事
日中は食わない
お食事
食わない
夜食
朝も昼も夕方も夜もお腹が空いたらエサ食ってるはず!!

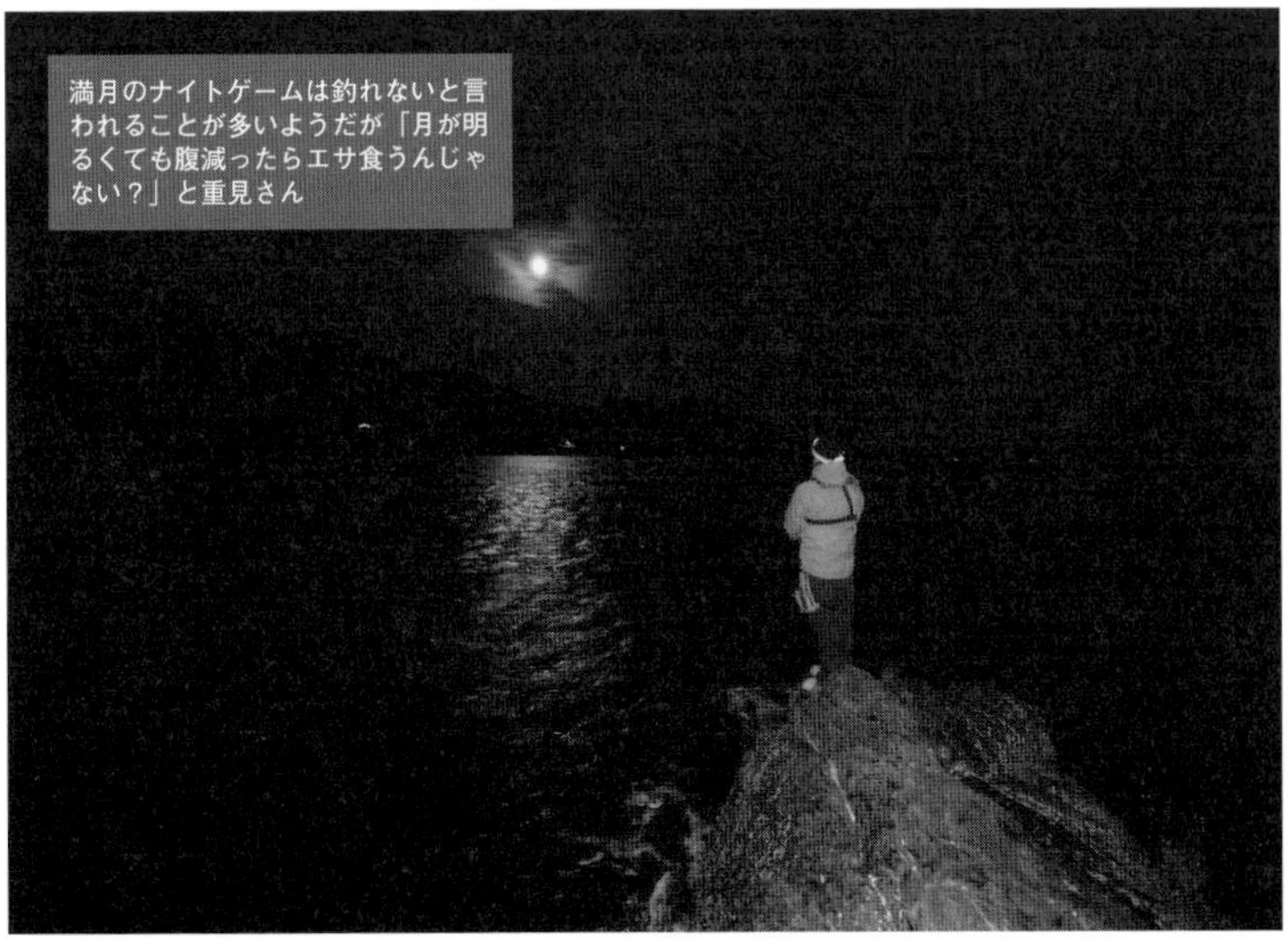
満月のナイトゲームは釣れないと言われることが多いようだが「月が明るくても腹減ったらエサ食うんじゃない?」と重見さん

捕食していると思う。
「闇夜がよい」「月夜は釣れない」といわれるが、個人的にはナイトゲームはしないので検証したことがなく、よく分からない。ただ、僕が思うに月が出ていようが出ていまいが、アオリイカも腹が減ったらエサを食うに違いない。月夜はエサを食わないなんて絶対にあり得ないと思うのだ。

鉄板！入門論 ⑩ ディープとシャロー

深場はとにかく投げてみて想像力でじっくり攻略 サイト可能な浅場は早い見極めでランガン

ディープポイントとシャローポイントの大きな違いは海底のようすが肉眼で確認できるかできないかということ。海底状況が分からない深場はじっくりと、確認できる浅場は見切りを早く、釣り方にも違いが生じるのだ。

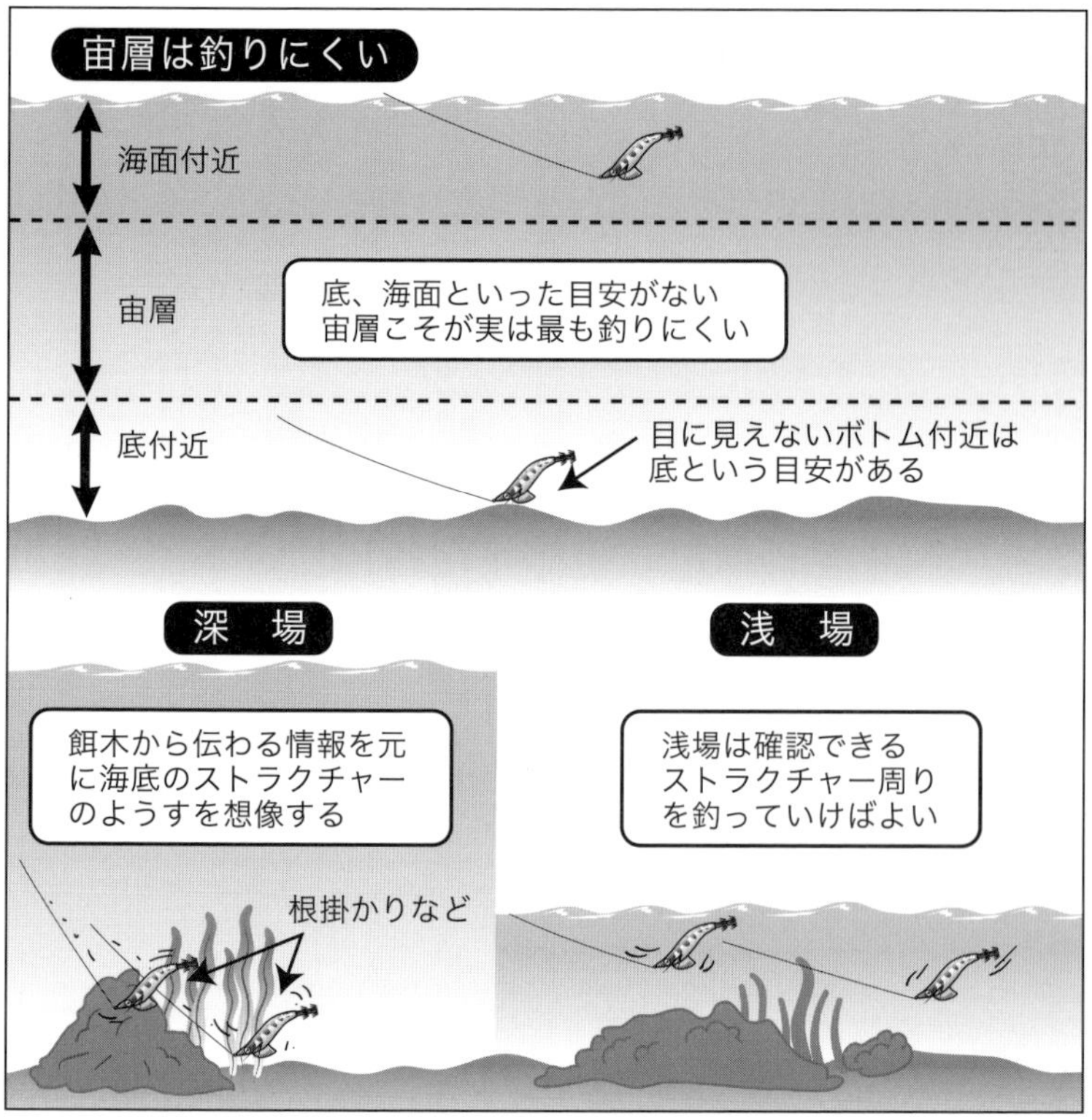

ストラクチャーが確認でき反応するイカの姿も見える浅場では、どんどんランガンしていくのが正解

防波堤先端や沖磯のポイントなど海底が見えない深場を攻略するには想像力と感覚に頼るしかない。特に初めての釣り場はなおさらだ。実際問題とにかく餌木を投げて沈め、水深を把握したら底付近で根掛かりさせないように時間をかけて釣るしかない。今はやらなくなったが以前は初めてのポイントで、まずメタルジグを投げて水深を探っていたこともあった。

餌木に藻が引っ掛かってくればそれも参考になる。そこがポイントだから、その藻の上を釣ればよいのだ。根掛かりする場合は、その周辺をねらってみる。結局は実践と経験を積む以外に方法はないのだ。しかし、考えてみれば底という目安がない宙層を釣るほうがかえって難しいと思う。僕が底付近にこだわる理由もそこにあるのだ。同じ意味でシャローも海面という目安があるので釣りやすい。

底まで目視できる浅場は根や海藻などの障害物周りをねらえばよいだけだ。水深20㎝あればアオリイカは釣れる。というより20㎝程度の水深までアオリイカは餌木を追いかけてくる。もっともこれはイカにヤル気スイッチが入っている場合だが。

浅場は何回か投げて反応がなければ、どんどんポイントを替えること。ピンスポットが見えているのだから粘っても仕方がない。潮が澄んでいれば追いかけてくるイカもサイトでねらえる。3m未満の水深なら表層で餌木を引いてもイカは底から上がってくるので、底まで沈める必要はない。

Q.

深いポイントでボトムを釣るのは難しくないですか？

A.

底という目安がない宙層を釣るほうが、かえって難しいと僕は思います。

沖磯や防波堤の先端など水深があるポイントでは、とにかく餌木をキャストして水深を把握。餌木から得られる情報を頼りに想像力を働かせ、じっくり攻略するのが正攻法だ

鉄板！入門論 ⑪ アタリとアワセ

アタリはラインが「止まる」「引かれる」の2パターン アワセもシャクリも誘いも実は同じ動作

アタリを察知して即アワセが理想ではあるが、シャクリが基本動作のエギングはアタリを見逃しても次のシャクリが自動的にアワセになってしまう簡単な釣り。空振りしても、そのアワセが誘いになるのだ。

アオリイカのアタリは沈下するラインが止まる、もしくは沈下スピードより速く引き込まれるの2パターンしかない。とにかくラインの動きに、それまでにない違和感を感じたらアワセ、つまりシャクってみることだ

【アタリの出方は2パターンのみ】

ラインの動きがストップ
ラインが引っ張られる

【シャクリ＝アワセ】

シャクリ!!
イトフケが大きくアタリが分からなくても、次のシャクリ動作がアワセになる

エギングのアタリの出方はラインが「止まる」「引っ張られる」この2種類しかない。落ちていく餌木をアオリイカが抱きかかえるように捕まえるとラインの動きは止まる、そしてアオリが餌木を抱いて移動するとラインは引っ張られる。たったこれだけだ。

アオリイカが高活性でヤル気満々の場合は、手元まで明確なアタリが伝わってくる。このようにアタリを感じたら、すかさずアワセを入れること。動作的には、それまでと同じシャクリの要領でかまわない。というかシャクリ動作イコール・アワセなのである。

つまりアタリを察知し即座にアワセを入れるのが理想的ではあるのだが、自然界には波も潮流も風もあるため、イトフケが大きいとアタリが分からない場合が多々あるのだ。しかしエギングはシャクってナンボの釣りなので心配無用。次のシャクリで思わずガツンと掛かって「おっ！　乗ってた！」ということが多い。何度もいうが早い話、シャクリもアワセも同じ動作なのだ。

まあとにかく、フォールする餌木、ラインのようすに何か違和感を感じたら、何度でもシャクってみればよい。イカが抱いていればアワセになるし、そうでなくても、そのシャクリが誘いになるので、まったく無駄はない。

つまり、エギングの基本である餌木を持ち上げて沈める動作をまめに繰り返していれば、アタリとアワセに関しては、それほど神経質になることはない。エギングは実に簡単な釣りなのだ。

Q.

アワセに失敗すると
アオリイカに警戒されますか?

A.

大丈夫！
その空振りが誘いになりますから！

餌木を動かしてアオリイカを誘う動作も、アタリがあってアワセを入れる動作も、まったく同じシャクリ。「こんな簡単な釣りないでしょ？」と重見さんは言う

The Carbon Material of ZAION
REAL FOUR

イカ王　重見典宏　釣れない時代のアオリイカ　エギング処方箋　【毒舌！実釣論】

Sharp Tongue!

毒舌！実釣論

ダートにスラックジャークにドリフト……。「とにかくテクニカルな言葉だけが一人歩きしてるねん」と重見さん。そのテクニックがイカを直接誘惑するものではなく、すべてがイカと出会えるチャンスを多くするためのものなのだ。

毒舌！ 実釣論 ① シャクリの正体

誘いパターンとしての使い分けではなく どうすれば効率よく餌木を持ち上げられるか

スラックジャークに2段シャクリ。名前ばかりが先行していると重見さんは語る。
前者はイトフケを弾く行為であり、後者はその回数のことだ。
使い分けにも決まったパターンはなく、いかに餌木を持ち上げられるかが重要だ。

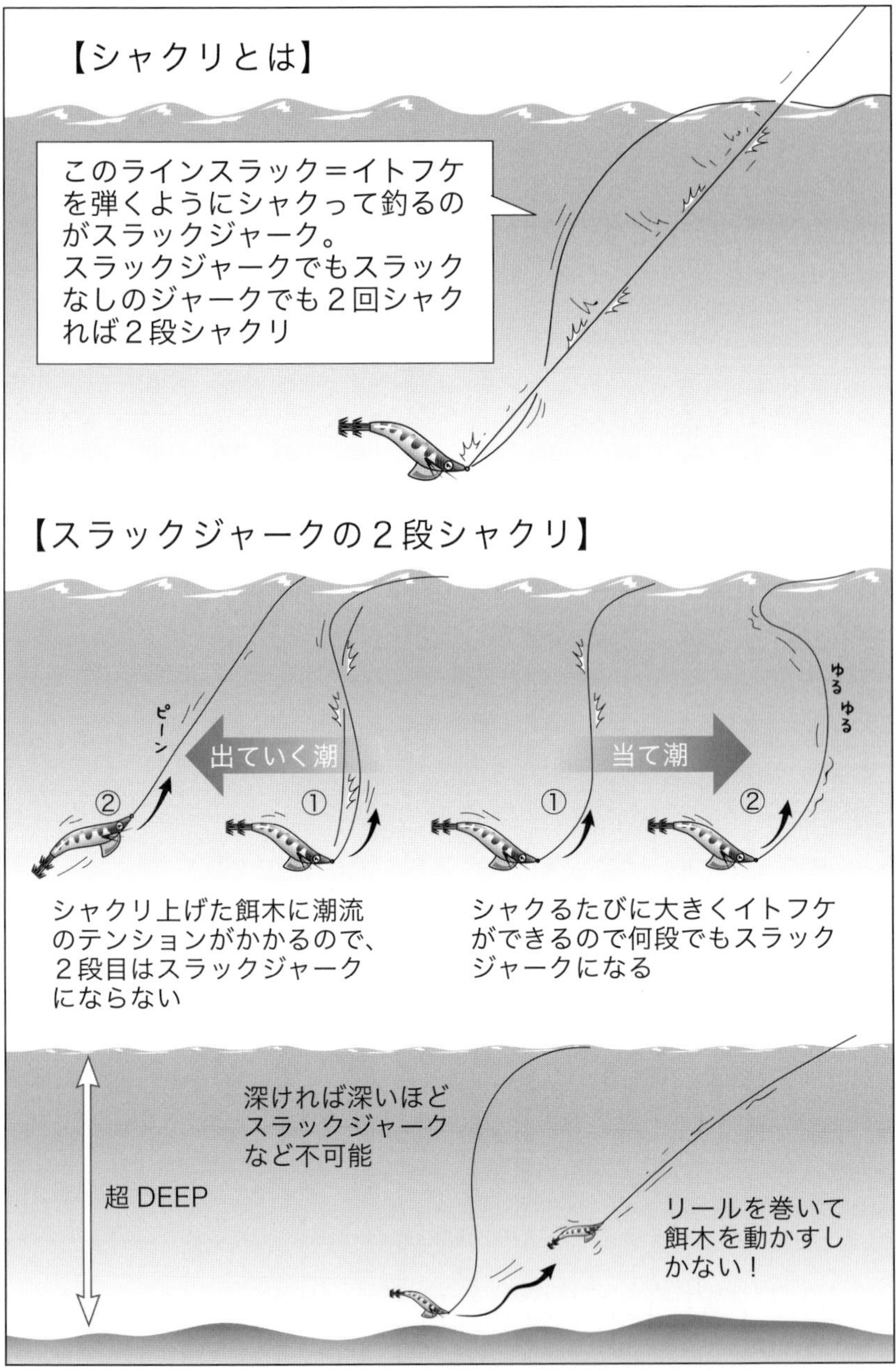

「スラックジャーク」というネーミングは僕の周囲から生まれたもので、僕はイトフケを弾く楽な釣り方をしているだけ。スラックジャークと2段シャクリはどう違う？　どう使い分ける？　などというバカな質問をされることがあるが、根本的にくらべる土俵が間違っている。

スラックジャークでも何でも2回シャクれば2段シャクリ。要はシャクリを繰り返せば3段でも4段でも5段でも、何段でもシャクれる。1回のシャクリで餌木の持ち上げ方が足りないと感じたら2回、またはそれ以上シャクるというだけの話だ。

要は「餌木は持ち上げないと沈まない」「餌木をフォールさせないとイカは乗ってこない」ということだ。どれだけ楽に効率よく餌木を持ち上げることができるか、それが僕のポリシー。

そして、そのシャクリに決まったパターンなどないのだ。たとえば潮の流れの向きでもシャクリ方は変化する。出て行く潮の場合はシャクった分だけ出たイトフケが解消されてしまうから、連続2段

Q. スラックジャークと2段シャクリは、どう使い分けるのですか？

A. スラックジャークを連続させれば2段シャクリ！そもそもくらべる土俵が間違っています。

「僕がイトフケを弾いているのを見てスラックジャーク、2回シャクっているのを見て2段シャクリとか、周囲が勝手に名前付けてるねん。僕自身はそんなこと言ったことないねんわ。ただ、どうすれば餌木をダートさせられるか、思ったレンジまで持ち上げられるか…だけなんやけどね」

シャクリの2段目はテンションがかかりスラックジャークにはならない。当て潮の場合はシャクるたびに大きくイトフケができるので、毎回すべてのシャクリがスラックジャークになる。この状態で2段シャクリをしようと思えば、常にリールを巻いてイトフケを解消し続ける必要がある。こうなるとショートピッチジャークに近くなる。

だからシャクリのパターンをどう使い分けるかではなく、餌木を効率よく持ち上げる動作を行なうことが結果的に、その場その場のシチュエーションで変化し1回のスラックジャークだったり、スラックジャークの2段だったり、ショートピッチジャークになったりするだけのことなのだ。第一、水深100mはオーバーだが非常に深いポイントではスラックジャークなど不可能だ。

もっと単純にいうと「どうシャクればよく釣れるか？」ではなく、餌木をフォールさせるために「どうシャクれば餌木を楽に持ち上げられるか」なのだ。何度もいうが、それには決まったパターンなどない。すべて、その釣り場で餌木を投げた時の僕の右腕の感覚だけなので言葉にはできない。

はっきりいえば、どうシャクろうが餌木がフォールしてくれるのであれば、自分の好きにすればよいのである。シャクリ方の名前が一人歩きしてしまっただけで、実はどうでもよいのだ。

毒舌！実釣論 ② ダートが意味するもの

真っ直ぐより左右に動かすのがお得！ワンキャストで餌木を何度もフォールさせるのが目的

ダートも餌木を目立たせる行為には違いないが、その左右に跳ねる動きがイカを呼ぶのではなく、できるかぎり海中で何度も餌木をフォールさせてイカに興味を抱かせるチャンスを多くするのが本来の目的なのだ。

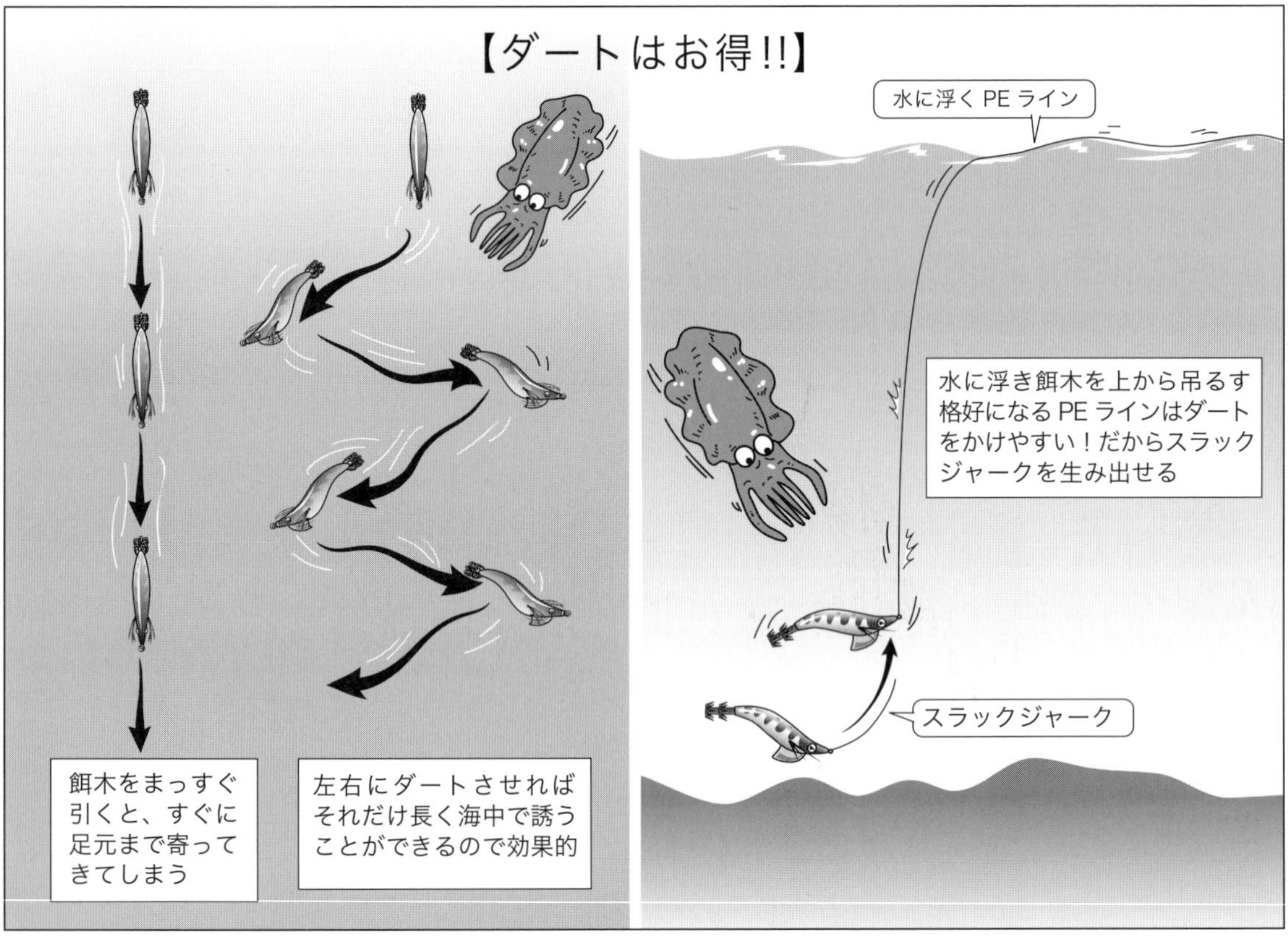
【ダートはお得!!】
餌木をまっすぐ引くと、すぐに足元まで寄ってきてしまう
左右にダートさせればそれだけ長く海中で誘うことができるので効果的
水に浮くPEライン
水に浮き餌木を上から吊るす格好になるPEラインはダートをかけやすい！だからスラックジャークを生み出せる
スラックジャーク

早い話、リールを巻けば餌木は確実に持ち上がる。しかし、それでは目立たないのでダートという考え方ができたのだ。しかし水深10ｍ以上、1気圧以上の水圧が加わった状態では、どうシャクろうが、どんなにダートに特化した餌木でもダートなどほとんどしない。水深6～7ｍまでのシャローなら左右に動いてくれるが、それ以上深くなればなるほど餌木は真っ直ぐにしか動かない。水深15ｍ、20ｍでダート？ そんなことありえないのだ。

ただし上から餌木を吊るす格好になるスラックジャークなら、けっこう深くても1シャクリ目はダートするが、続く連続2段シャクリ目以降はラインにテンションがかかっているためダートなどしない。だから僕は「ボトムでダート」などと発言したことがない。単に餌木を動かせとしか言わない。

サイトフィッシングであれば、ある程度パターンとして確立できるかもしれないが、それでもスラックジャークとショートピッチにかぎられる。2段シャクリなどすれば餌木が海面から飛び出してしまうからだ。

そんなサイトフィッシングは別にして基本的に自分から見えない海中を釣っているわけだから、餌木の動かし方はその場その場の自分の腕の感覚しかないので言葉にはできない。ただ意識するのは「イカの反応が出るまで同じことはしない」ということ。そのために2回シャクったり3回シャクったり、少しシャクったり大きくしたり。さらにシャクリ上げた時に重たく感じたら、そこで潮が効いてい

Q. 餌木の動かし方に法則はあるのでしょうか？

A. ないです。ただ、反応が出るまでは同じ動かし方を避ける必要があります。

あまりにも深いと餌木はダートなどしないし、スラックジャークの2段目もダートしない。底が見える浅場では2回も強くシャクると餌木が海面から飛び出してしまう……。つまり、その場その場に合わせたシャクリが重要ということだ

◎いつでもどこでもスラックジャーク？そんなこと不可能ですから！

■スラックジャークで誤解が多いのは「スラックを必ず作る」のではなく「スラックができる時はそれを利用する」「スラックができる場合にスラックジャークをする」が正解なのだ。つまりシャクリ動作でスラックができる場面ではスラックジャークだし、出て行く潮の時などはスラックはできずスラックジャークはあり得ないので、普通のジャークやショートピッチジャークになる。スラックができる場合でも反応がなければあえてスラックジャークしないこともある。

■必要なスラック量も水深、潮流、風、餌木のサイズと重さ、サオの長さなど諸条件で変化するので一概にいえない。スラックが多すぎると判断すればリールを巻けばよいだけのこと。ただし巻きすぎに注意。多くの人は「餌木にまで力が伝わらないのでは？」とスラックを消しすぎているようだ。ジャークのリズムにも決まりはなく、1回だったり連続複数回だったり、反応が出るまではさまざまなリズム、パターンで行なう。基本は「ゆっくり」でOK。しんどいことはしない。僕はただ楽に釣りたいだけなのだ。

ると判断して、その場で細かいシャクリを繰り返したり……。この感覚を確かなものにするために常に同じタックル、餌木を使い続ける必要があるのだ。

餌木を持ち上げるだけならリールを巻けばよいのだが、せっかく遠くまで餌木を投げても、それだと餌木は斜めに引っ張られ、回収するまでにフォールの回数が非常に少なくなってしまう。それでは何度も投げ直さなくてはならず身体も疲れるし、第一せっかく投げたのに損だ。

そこで少しでも海中ボトム付近で長時間餌木を上下させるためにサオでのシャクリ、僕の場合は楽にシャクるためにイトフケを弾くスラックジャークと呼ばれている方法で、できるだけ餌木を斜めではなく上に持ち上げ、さらに左右にダートさせて1回のキャストで何回も海底付近でフォールさせられるようにしているのである。とにかく餌木が海の中に入っていないとイカは釣れないのだから。

毒舌！実釣論 ③ フォール命！

移動し続ける餌木は追い切れない「止める」「落とす」の連続がイカを刺激する

多くのアングラーは「シャクリ方やダートにばかり気を取られすぎているように思う」と重見さんは言う。最も大切なことは何らかの方法で動かした餌木を「止めて、落とす」つまりフォールアクションなのである。

泳いでいた餌木が突然ストップ、次の瞬間、フラフラと沈んでいったとしたら……。アオリイカはその餌木を「おお、こいつ弱ってる、楽に押さえ込んで食えるぞ」と思うに違いない。これがエギングなのだ

ロッドでシャクってもリールを巻いても餌木が海中で持ち上がることに変わりはないが、エギングで最も意識すべきことは餌木が沈下する動き、すなわちフォールアクションなのである。

エギングの水中プロセスを説明するとまず餌木が着底した時点でイカが興味を持ち、続いて餌木が上へ移動するとイカもそれを追尾。しかし、そのまま餌木を動かし続けるとイカもずっと付いていくのは大変だ。青ものなど速く泳げる魚ならルアーを巻き続けることで食わせることができるが、それではアオリイカは釣れない。

そこで餌木をストップさせる。すると餌木に追い付いたイカが「これってナニ？ 食べられるの?」と思った瞬間、餌木が沈下する。この動きにイカは、そのエサ（餌木）が弱って死にかけていると思い、後方から抱き付いて底で押さえ込める、バックを取れると判断し、思わず触腕を伸ばし抱き付く。これでアオリイカが釣れるというわけだ。

要は餌木を水中で「止める」「落とす」「止める」「落とす」の連続が肝心なのだ。それがイカを餌木に抱き付かせるきっかけになる。スラックジャークやショートピッチジャークを延々と続けても意味がない。ただ理想をいえばシャクって誘い続けてイカを見えるレンジまでおびき寄せ、そこでストップ&フォールを入れて抱かせる。

このように初めての場所ではサイトで釣れることがイカの存在を確認できるので磯でも防波堤でもベストだ。

Q. アオリイカが海面まで付いてきたのが見えました。そこでどうすればよいですか？

A. **それ以上、餌木を動かすのをやめてフォールさせてください。それが理想です。**

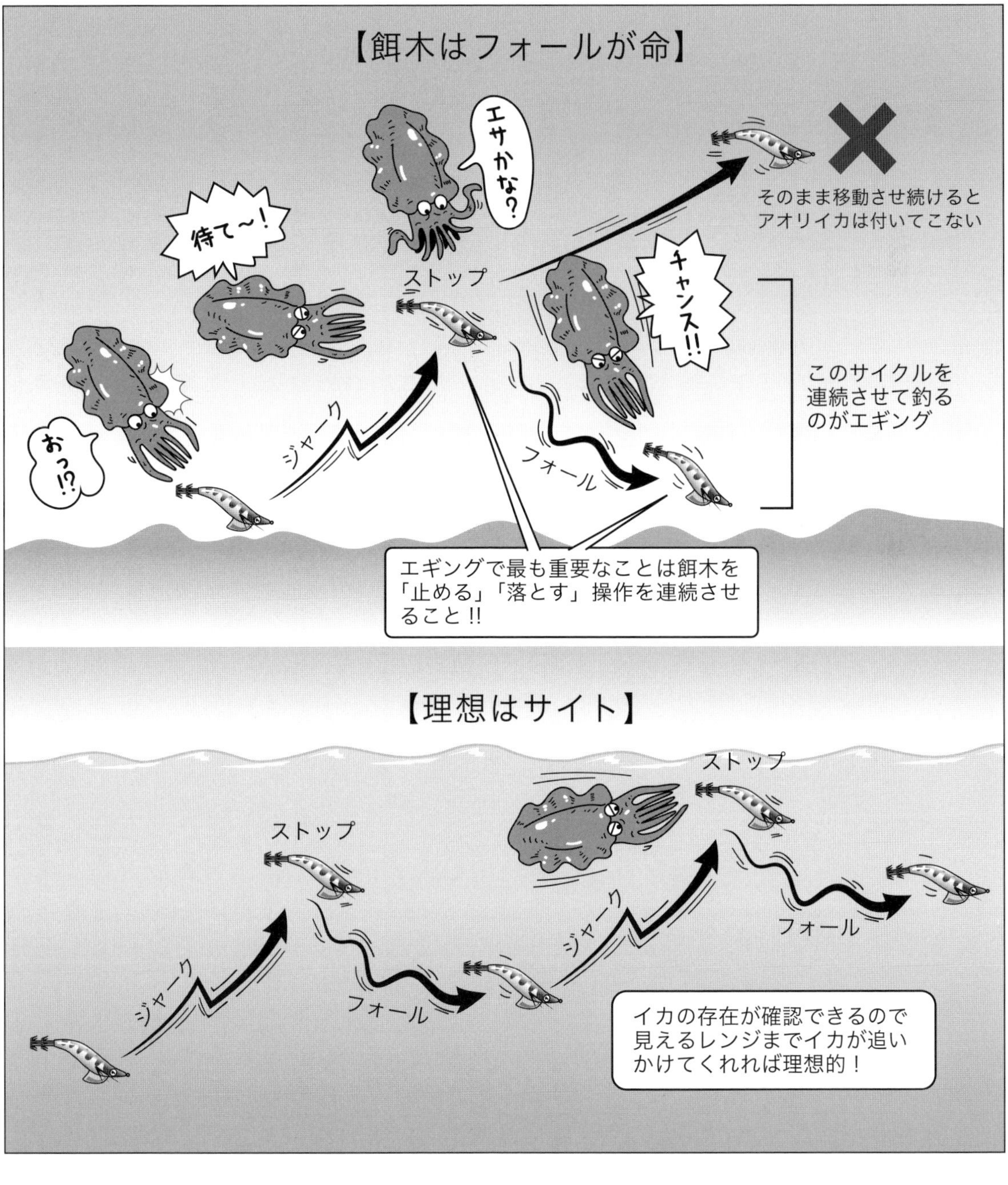

毒舌！実釣論 ④ 軽い餌木・重い餌木

シンカーサイズの軽重バリエーションは多彩な条件下で楽に釣るためにある

軽い餌木、重い餌木の使い分けについて、これまた多くの人が勘違いしている。アオリイカに対するアピールを変えるためではなく「自分がその場で最も釣りやすい重さを選ぶ」ということが正解なのだ。

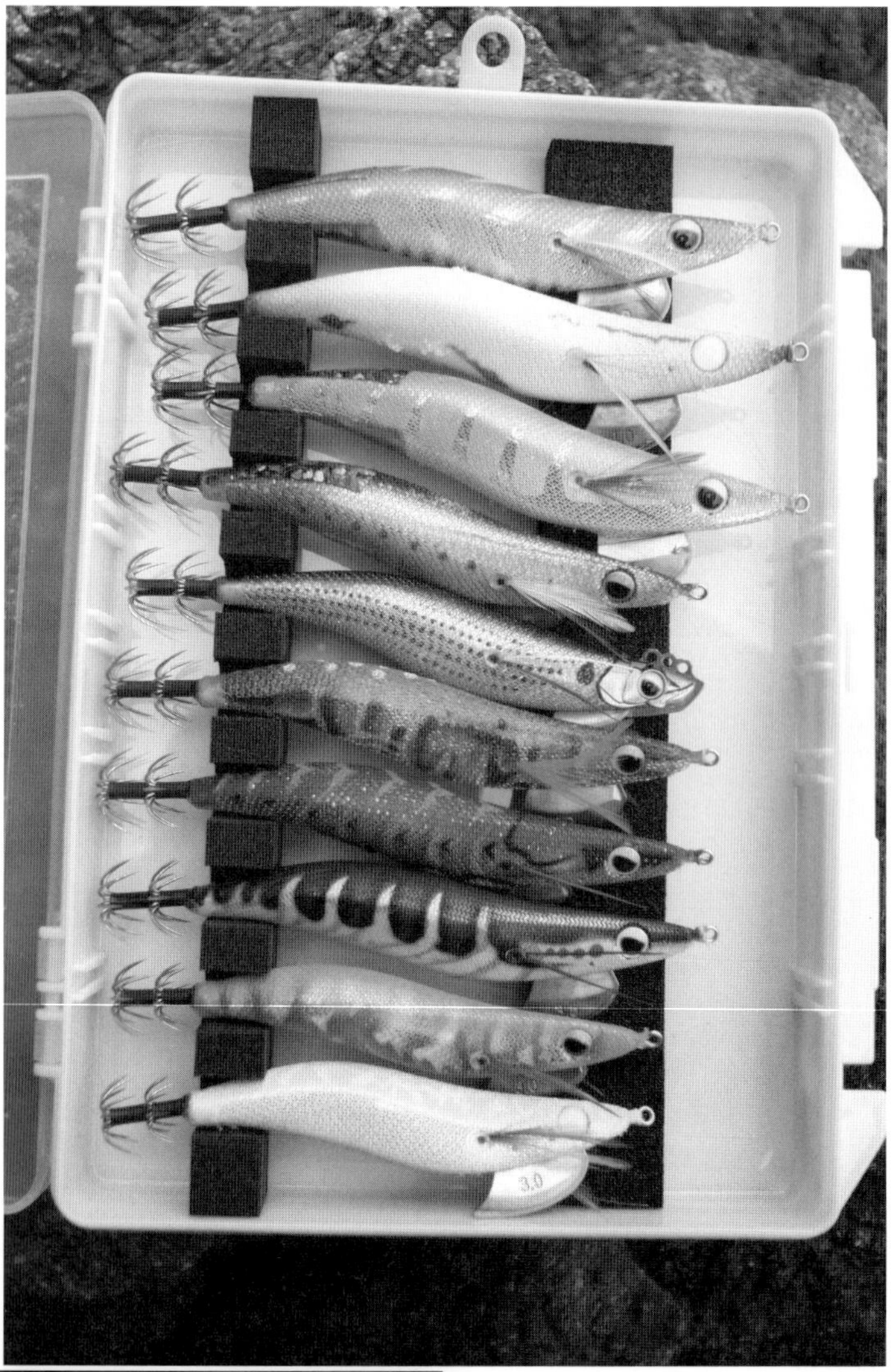

現在はさまざまな餌木が手に入るようになり、同じサイズの餌木でもシンカーの軽いものから重いものまである。釣り場の状況に合わせ、最も釣りやすい重さを選ぶのが正しい使い分けだ

僕が使っている餌木には先端部が軽いシャロータイプからノーマルタイプ、ディープタイプ、最も先端部が重いエクストラディープタイプとあるが、先端部が重いほど餌木は前下がり姿勢になり、前下がりの餌木ほどアングラーが操作しやすい。逆に、前が軽く水平姿勢に近い餌木ほど風に吹かれて動いてしまったり潮に流されたりと操作性は低いのだ。

いわばディープタイプの餌木はルアー感覚で底に着けたり引っ張ったりと、釣り手が思いのままのアクションをさせやすいというワケだ。またシャローポイントで風がなくサイトで釣る場合にはディープタイプだと沈みすぎるため釣りにならない。つまり餌木に重さのバリエーションがあるのは、あらゆる自然条件で釣りやすくするためである。

僕が言いたいのは餌木にいろいろなタイプがあるのは、フォールスピードやフォール角度、フォールのバリエーションを生み出すことが目的ではなくあくまでも「釣り人が楽に釣るため」なのだ。

たいして風がない、異常に速い潮がない、それほど深くない、という普通の状況ならノーマルタイプの餌木を投げて巻いて止めて落とすだけで釣れる。しかし自然界には風があり潮流もあり、ポイントによっては想定外の水深があるため、その状況に合わせて、より先端が重い餌木を選択する……というのが餌木タイプの使い分けだ。

また浅場の海藻上にいるアオリイカを釣りたい場合は、逆に浅場で止めやすい軽い餌木に変更する。要は餌木タイプでイカへのアピール力が変化するというこ

Q. フォールスピードの変化でイカに対するアピールは変化しますか？

A. 変化します。ただ重さが違う餌木に替えるのではなく、釣り手の操作、すなわちテンションのかけ方で変化を与えるのが正解です。

【餌木タイプの使い分けは操作性が基準】

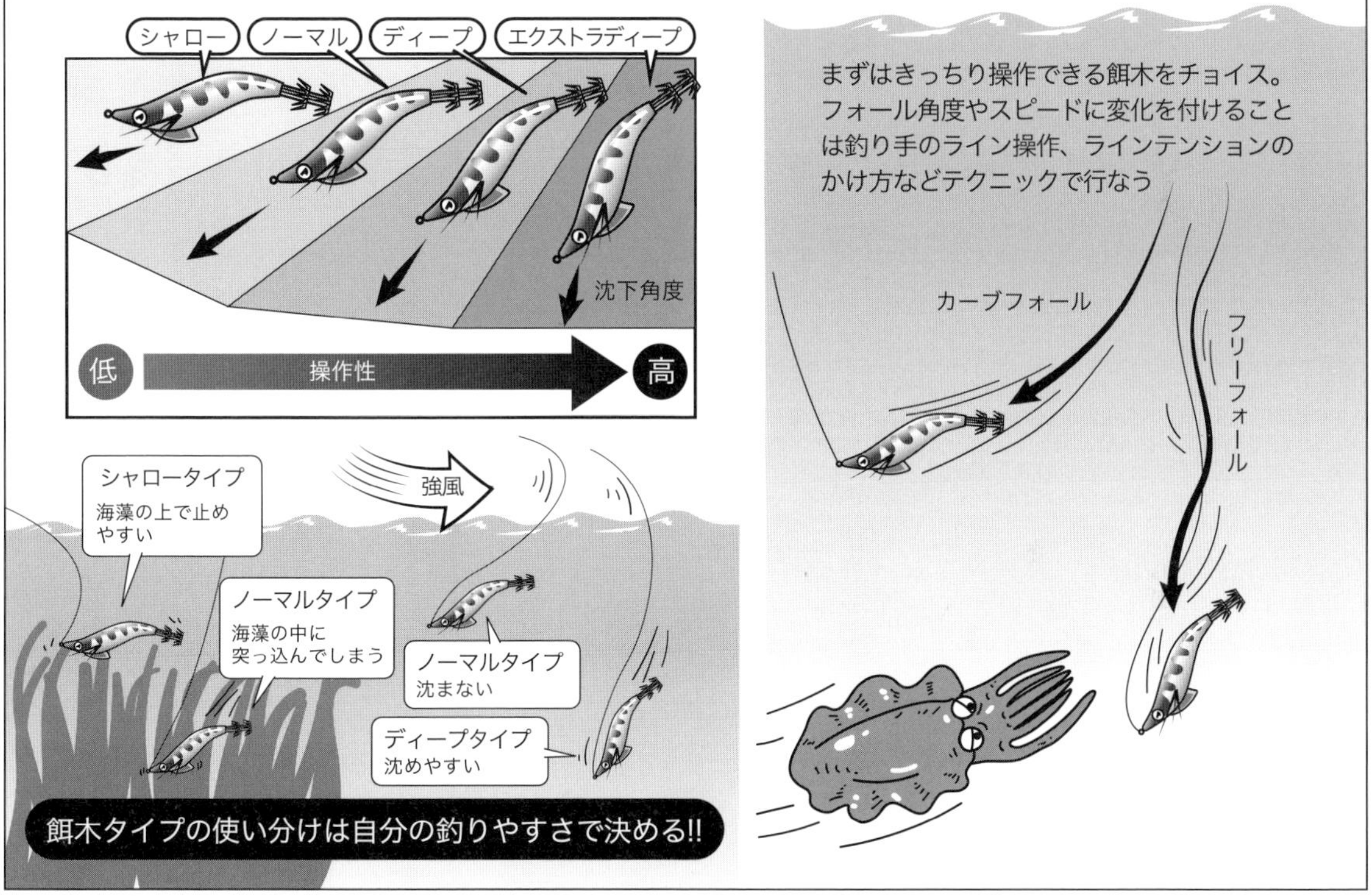

とではないのだ。すべてはイカに対してではなく、我々アングラーの釣りやすさのためだと理解してほしい。その時に自分が釣りやすい餌木、見えない海中で自分が何をやっているのか把握できる餌木を使えばよいのだ。

イカへのアピールを変化させるのは、その先の問題、すなわち釣り人の操作である。それは「テンションを抜くかテンションをかけるか」だ。釣りやすい重さの餌木を選ぶまでは同じ。その餌木を使ってフリーフォールで速く落とす、テンションフォールでゆっくり落とすなど、実際に釣り場に出てみないと何が効果的か分からない。傾向としては活性が高いイカは速く落ちる餌木にも反応する、低活性のイカは速く落ちる餌木には反応しにくいのでゆっくり落とす。いろいろ試し、その場の状況で見極める以外にないのだ。

重さの違う餌木でフォールスピードを変えイカにアピールするのではなく、基本的にフォールスピードを調整するのはアングラーの餌木コントロール、テンションのかけ方なのだ

ナイトは宙層以上でカーブフォール ハイリスクのボトムをねらう必要なし！

夜間は襲われる心配がなくアオリイカは大胆に宙層以上を回遊するので
根掛かりのリスクも低く日中よりも釣りやすい。つまりボトムを釣る必要がないのだ。
でも、現在の重見さんはデイオンリー。なぜかって？

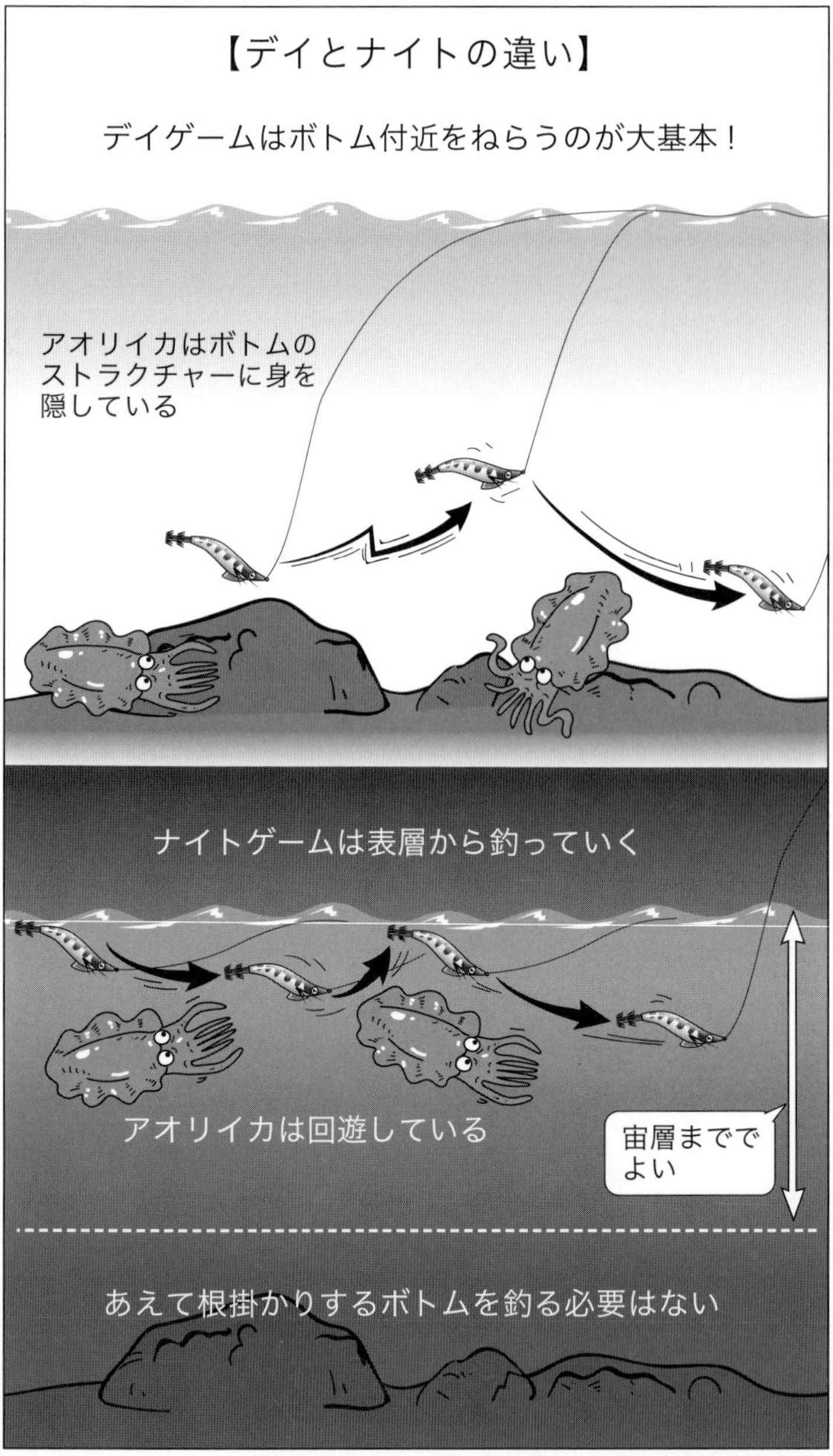
【デイとナイトの違い】
デイゲームはボトム付近をねらうのが大基本！
アオリイカはボトムのストラクチャーに身を隠している
ナイトゲームは表層から釣っていく
アオリイカは回遊している
宙層まででよい
あえて根掛かりするボトムを釣る必要はない

デイゲームとナイトゲームを比較すれば、ナイトのほうがイカは釣りやすいだろう。しかし現在の僕はナイトゲームはまったくやらない。動画のロケで照明を当てられると目に光が入って前が見えなくなり全然楽しくない……というのがひとつの理由。

エギングを始めた若い頃は一晩中でも釣りをしたが、現在は取材でしかエギングをしないのでデイゲームのみ。仮にプライベートでエギングに出かけたとしても、絶対にナイトゲームはやらない。なぜか？　夜は楽しくお酒を飲む時間と決めているからだ（笑）。

それは別にしてデイとナイトの釣り方の違いはデイゲームが底から釣っていくのに対し、ナイトゲームは水面、上層から釣るということに尽きる。夜は底やストラクチャーのようすが見えないので底付近は根掛かりのリスクが非常に高いし、アオリイカも宙層以上に浮いて回遊する個体が多いことがその理由。だから、夜にわざわざボトムの釣りをする必要はないと思うのだ。表層から宙層で餌木をカーブフォールさせておけば、どこかで乗ってくる。

逆に日中はアオリイカも大きな魚の捕食ターゲットになるため底付近のストラクチャーの物陰に身を潜め、自分自身の捕食活動をする際も底付近が中心になる。だから底付近を釣る必要があるのだ。魚はいきなり口でエサを捕まえて食べるが、イカはいったん腕で抱きかかえるように捕まえてから食べる。ハマチ、シイラ、カツオなどのようにエサよりも速く泳げるスピードがある魚はルアーを引け

若い頃はオールナイトでエギングすることも珍しくなかったが、現在は釣りやすくても夜釣り封印。夜はパーティータイムなのだそう

Q. ナイトはストラクチャーが見えないので釣りにくいですね？

A. いえいえ簡単。ボトムをねらわず宙層～表層をねらえばよいのです。

ば釣れる。しかしイカはエサをずっと追いかけていると、自分がエサになってしまうのだ。

毒舌！実釣論 ⑥ 避けられない根掛かり

100％外す方法など存在しない 根掛かりさせない釣りを心がけるべし！

可能なかぎりボトムを意識して釣る必要があるデイゲームでは、どんな名手でも根掛かりは避けられない。１００％外せる方法は存在しないが根掛かりさせないコツはスラックを必要以上になくさないことだ。

重見さんだって根掛かりは避けられないし、ノーズやシンカー、ハリががっちり食い込んだら真っ直ぐ引いてリーダーを切る以外に手はない

エギングでは根掛かりで餌木を失って当たり前。根掛かりさせない釣りをすればよいのだが、慣れないうちはそうもいかない。ついつい沈めすぎてしまう。第一、餌木は底まで沈んでナンボなのだから。

根掛かりを外すコツなどもない。引っ掛かったと思ったら、すぐにラインを餌木後方に飛ばすイメージで瞬間的にテンションを抜き、次の瞬間にシャクリを入れることで外れる場合もあるが、ノーズやシンカーがガッチリ岩に食い込んでいたりハリがロープに食い込んでしまったら、どうやっても外れない。ロッドから餌木までを一直線にして引きリーダーを切る以外に手段はない。たまたま藻に絡まっているだけならラッキー、藻が切れて回収できる。何度もいうようだが、エギングでは根掛かりさせないことが技術なのだ。

また餌木を底に着けた場合も、ラインスラックを取りすぎると根掛かりの原因になる。ラインスラックがほとんどない状態でシャクると餌木は跳ね上がるよりも前に進み、必ず岩などに引っ掛かる。一方PEラインを使い、ラインスラックを充分に出してシャクる、いわゆるスラックジャークでは餌木は上方に跳ね上がるので、根掛かりのリスクが減少するのだ。ラインスラックがない状態でシャクっている多くの人は、ラインスラックが多いと餌木に力が伝わらないと思っているようで、シャクリの前にリールを巻いてしまう。それじゃ根掛かりして当然だ。１回のシャクリで餌木がたいして動かないなら2度、３度と連続してシャクればよいのだ。

Q. 餌木に力が伝わらない気がするので、ついスラックをなくしてしまいます。

A. さぞかし根掛かりすることでしょう！スラックがないと餌木が前に動いて、どこかに引っ掛かりますよ。

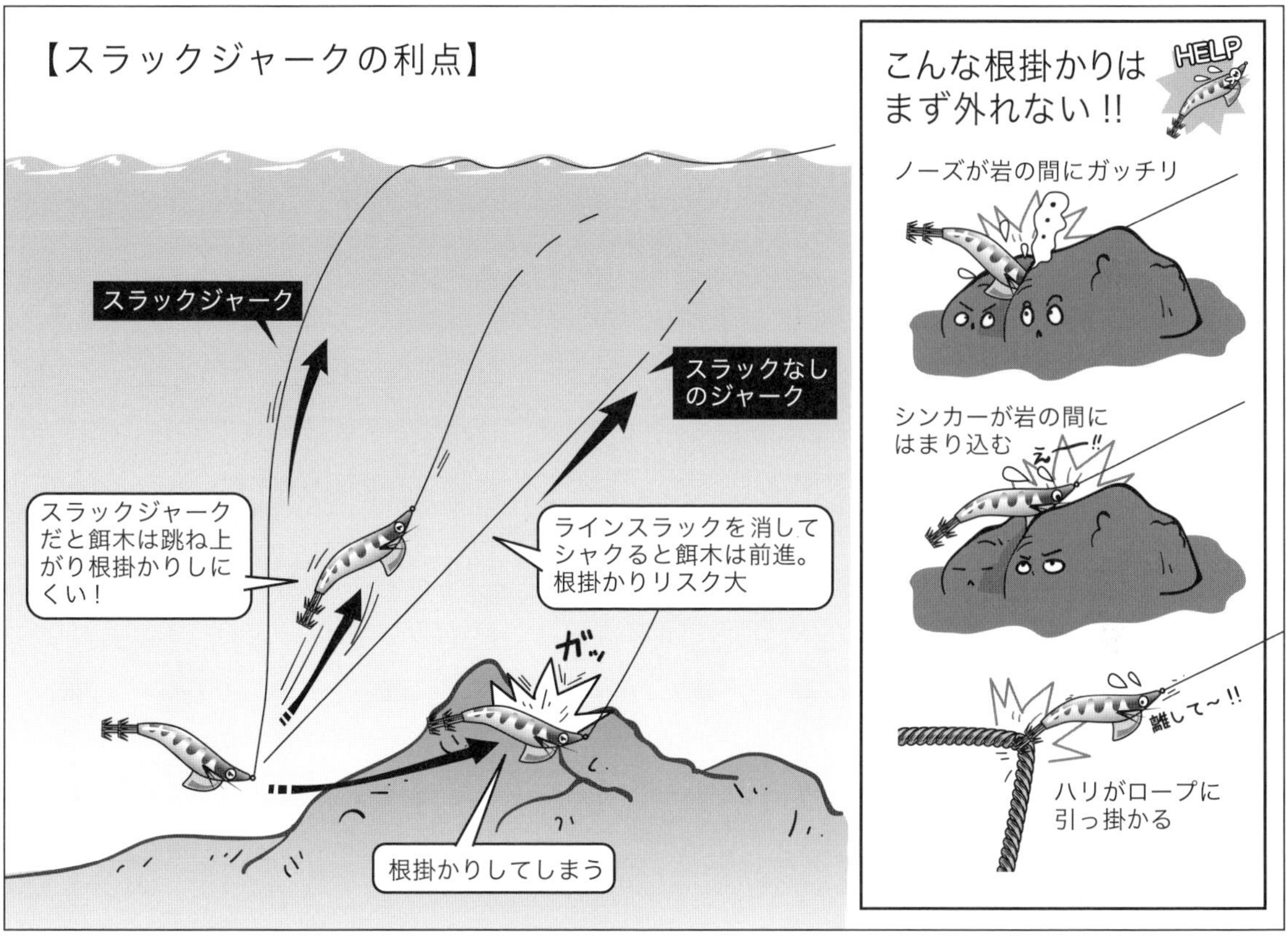

餌木は海底で頭を下に、お尻を上にして斜めに立つ構造。ただし海中では流れやライン抵抗で斜めになったり引きずられたりするため、根掛かりは避けられないのだ

餌木は前重心、お尻を上にして海底で立つ構造になっているが、実際には潮の流れがあるので左右に傾いている。時には寝ている場合もある。またラインやリーダーが流され、それに引かれて餌木も海底を移動するため根掛かりのリスクも高くなる。

なかなか釣れない場合に底で餌木をステイさせ放置する場合もあるが、これは根掛かり覚悟。一か八かの勝負だ。かつてはウキ仕掛けにして餌木を海底でステイさせたこともあったが、根掛かりは減少したものの、釣りとしてはあんまり面白くなかった。

毒舌！実釣論 ⑦ やり取りのコツ

一定テンションで巻き乱暴ポンピングは避ける バラシの一因は緩いドラグ設定にあり

シャクリ動作がそのままアワセになるエギングではヤエン釣りなどにくらべてバラシは少ないが、フッキングを甘くする原因は緩すぎるドラグ設定にある。強めのドラグ設定でも身切れはまず起こらない。

アオリイカが掛かったらロッド角度をキープしテンションが抜けないように気を付けてリールを巻き続ける。強く引き込まれたらリールを巻く手を休めよう。強引なポンピングも厳禁だ

アオリイカとのファイトはサオ角度を45度ぐらいにキープし、大型ならイカの引きに逆らわず一所懸命にリールを巻くだけ。決して無理をしないこと。リールが巻けないほど強く引かれたら巻く手を休める。引きが緩んだらライン、ロッドのテンションが抜けないように、どんどんリールを巻く。レバーブレーキを使用してラインを送り、掛かったイカを後退させて他のイカを呼び寄せて遊ぶ時以外はラインを自ら出さない。

また乱暴なポンピングはしないほうがよい。カエシのないハリを使っているのでテンションが緩んだ瞬間に外れることがあるからだ。ロッドを戻しながらリールを巻く際にテンションが緩まないように気を付けて、ゆっくり丁寧なポンピングをするのなら問題ないと思う。

テンションを緩めないことがバラさないコツなので、強めのドラグ設定で釣ることをおすすめする。ほとんどのバラシはイカが餌木を抱いただけで、しっかりとフッキングしていないためイカが餌木を開放した時に発生する。

それを多発させるのが非常に緩いドラグ設定。イカが引けば軽い力でラインが出るため、餌木の傘バリがイカになかなか食い込まないのだ。そこで強めのドラグ設定をしておけば、イカが引いた時に餌木がズレてイカにガッチリ食い込みやすくなるのである。

バラシの原因として「身切れ」がよく指摘されるがイカが餌木を抱いた状態では、まず起こりえない。腕の先に掛かっただけの場合は身切れが発生するが、これ

Q. ドラグ設定が強いと身切れでバラしそうな気がするのですが？

A. 緩いほうがハリが食い込まず外れやすい。強めの設定でも触腕1本に掛かった場合以外は大丈夫。

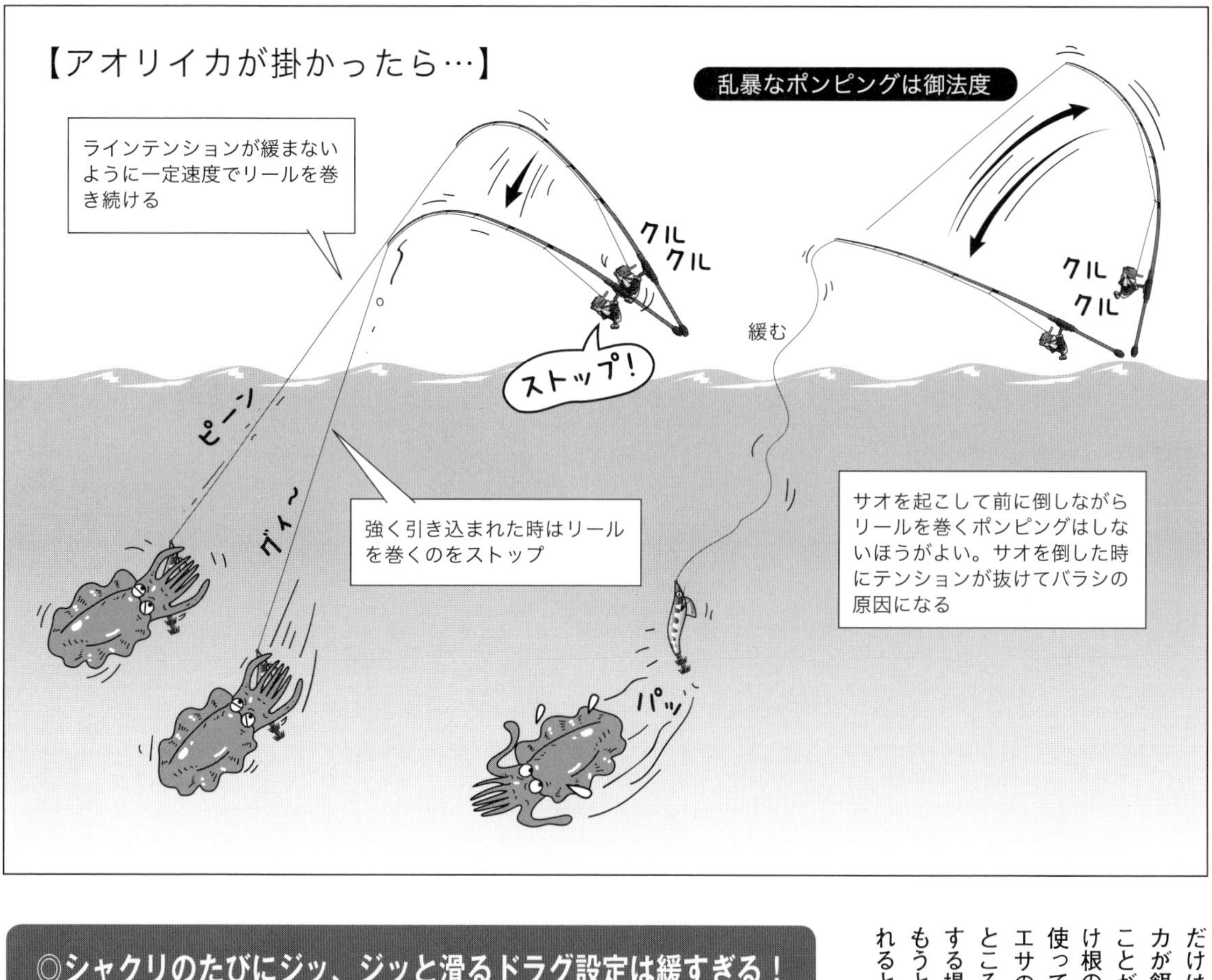
【アオリイカが掛かったら…】
乱暴なポンピングは御法度
ラインテンションが緩まないように一定速度でリールを巻き続ける
クルクル
ストップ!
緩む
クル
クル
ピーン
グィ～
強く引き込まれた時はリールを巻くのをストップ
サオを起こして前に倒しながらリールを巻くポンピングはしないほうがよい。サオを倒した時にテンションが抜けてバラシの原因になる
パッ

だけはどうしようもない。通常アオリイカが餌木を抱く場合は口から食いに来ることがほとんどだ。口は10本ある脚の付け根の真ん中にあるので、すべての脚を使って餌木を抱きかかえる。そのほうがエサの魚を捕まえやすいのは自明の理。ところが複数のイカがエサの取り合いをする場合は、少しでも早く獲物を取り込もうと腕を伸ばす。この時、アワセを入れると運悪く腕に掛かってしまうのだ。

◎シャクリのたびにジッ、ジッと滑るドラグ設定は緩すぎる！

■リールのドラグ設定は計りを使ってまで厳密にはやらない。あくまでも自分の手の感覚だが、1kgオーバーのイカが掛かるとドラグが滑りスプールが逆転するようにしている。たぶん、エギングをするアングラーのなかでは、けっこう強めの設定のような気がする。シャクリを入れるたびにジッ、ジッ、ジッ、ジッとドラグが滑る人もいるが、横で釣っていてうるさくて仕方がない。

「ドラグ設定？　手で引っ張った感覚だけやなあ」と重見さん。実釣を重ねて覚えるより手はない

毒舌！実釣論 ⑧ 人より釣果を稼ぐ奥の手

数なら小型餌木で仲間内の真ん中を釣る
大型は4寸餌木でスローにテンションフォール

数釣り大型ねらいともに最も確実な方法は、その目的に見合った「釣れる確率が高い釣り場」で釣りをすること。
ただし人より数を釣る、大型をヒットさせる裏技的な方法がなくもない。

釣れない時期に釣れない釣り場に行って「人より多く釣る」などという考えは話にならない。釣れる時期の釣れる釣り場なら奥の手がないワケではないので余裕があれば試してみてほしい

数をたくさん釣りたければ、数が釣れる時期にたくさん釣れる釣り場に行けばよいし、大型が釣りたければ産卵期の大型が釣れる場所に行けばよい。ただそれだけのことだ。たとえば沖縄に行けば船からとんでもないモンスターが釣れるのだから。

とはいえ何人かで並んで釣る場合には誰よりも数を釣る方法、誰よりも大型を釣る方法はある。

数を釣りたければ人より小さい餌木を使うことはもちろんだが、小型餌木の射程圏である手前の浅いポイントにイカが少ない場合はサオを2本用意し、1本は4寸餌木を付けて遠投し沖の深場から複数のアオリイカを手前に寄せ、もう1本に付けた2・5寸の小型餌木でねらえば高確率で釣れる。以前は僕もよくやった二刀流だ。

同じ意味で何人かで並んで釣った場合は真ん中の人が最もたくさん釣れる可能性が高い。周囲の人の餌木が二刀流同様のティーザーになるからだ。もちろん潮の流れ方、釣り場の条件にもよるので一概にはいえないが。

大イカを釣りたければ人より大きな餌木を使うこと。さらに、その餌木をゆっくりフォールさせること。大型ほど素早く活発に動くためにはエネルギーを必要とするため素早く泳ぐエサを追う、つまり素早くフォールする餌木を追うといった割に合わないことはしない。また1回の捕食効率を考えると、大型イカほど大型ベイト、すなわち大きな餌木に抱き付いてくるのだ。小さなエサを何尾も追いかけるより、大きな魚を1回で捕まえて食うほうが効率がよいのである。だから大型餌木のテンションフォールが有効ということだ。

Q. 大型アオリイカは、なぜ大きな餌木で釣れることが多いのですか？

A. **小さなエサを何尾も捕獲するより**
大きな魚１尾捕まえて食うほうが、手っ取り早いからです。

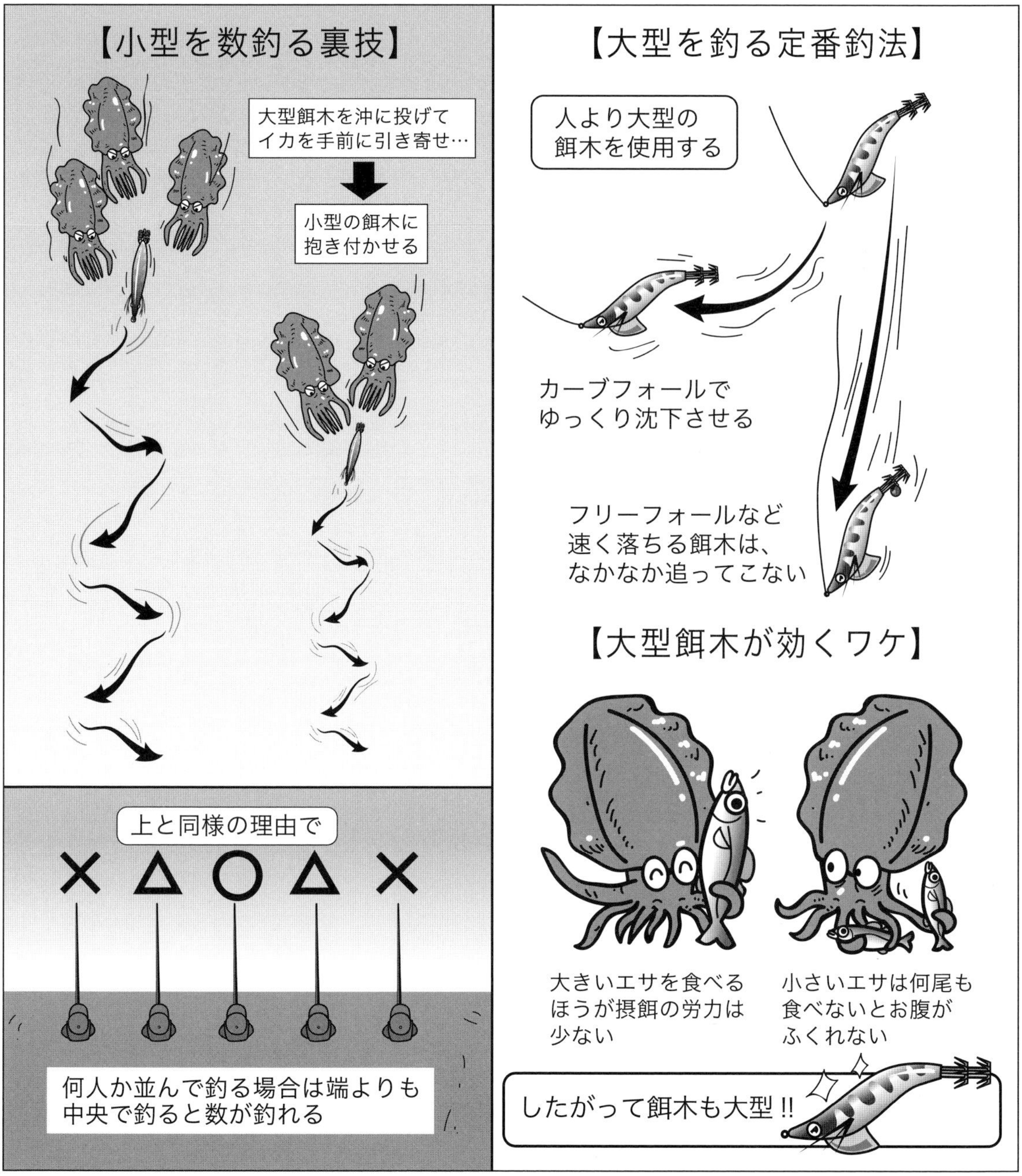

毒舌！実釣論 ⑨ 追ってくるが乗らないイカ

時間のムダ！　アホらしい！
早くあきらめ別のポイントで別のイカをねらう

釣り人が多く場所移動もままならない場合はしかたがないが、餌木を追ってくるものの、どうしても乗らないイカはあきらめるのがいちばん。苦労して乗せるのも面白いが「僕なら別のイカをねらいます」と重見さん。

餌木に寄って来る姿は見えるが、どうしても餌木に乗らないアオリイカにはどう対処するか？　はっきりいって、あきらめるのがいちばん。そんなイカはまず釣れないのだ。どうしようもないのだ。たとえば餌木をワンサイズ、ツーサイズ小さくしてみるのも手ではあるが、時間のムダなので別のイカ、別のポイントをねらうのが正解だろう。

餌木のカラーを変えるとひょっとしたら乗るかもしれないが、餌木カラーをまったく気にしない僕にはよく分からない。基本的には「今日はめっちゃギョウザが食いたい気分やけど、残念ながらシュウマイしかなくて、まあこれでも食っておくか……」という感じで、とにかく海の中ではイカも何でも食わないと生きていけないワケだから、どんなカラーの餌木でも食い気さえあれば乗ると思っている。

まあ、餌木の色を変えてそれがドンピシャ、偶然にも食いたかった「ギョウザ」だったとしても、それでも乗らないのは潮が悪いとしかいいようがない。早い話、まったく食い気がないのだろう。そんなイカをねらうのは本当にアホらしいのだ。僕ならさっさとあきらめて違うイカをねらう。

奥の手としては沖から餌木を追尾させ、おびき寄せたイカが餌木を見切る直前でピックアップ。イカの視界から一旦餌木の存在を消し、すかさずその後方に投入した餌木をイカのうしろから追い越させる方法がある。これだと思わず反応してガバッと一気に抱き付いて来るかもしれない。

餌木を追いかけてくる姿が見えても、食い気がないと判断したら、しつこくねらわず別のポイントで別のイカをねらったほうが得策。ムダなことをしないのが重見流だ

Q. 追いかけてきても乗らないイカに何か奥の手はありますか？

A. イカに餌木が見切られる直前でピックアップし、すかさず後方に投入。餌木を追い越させると乗るかも!?

【あとひと息の奥の手！】

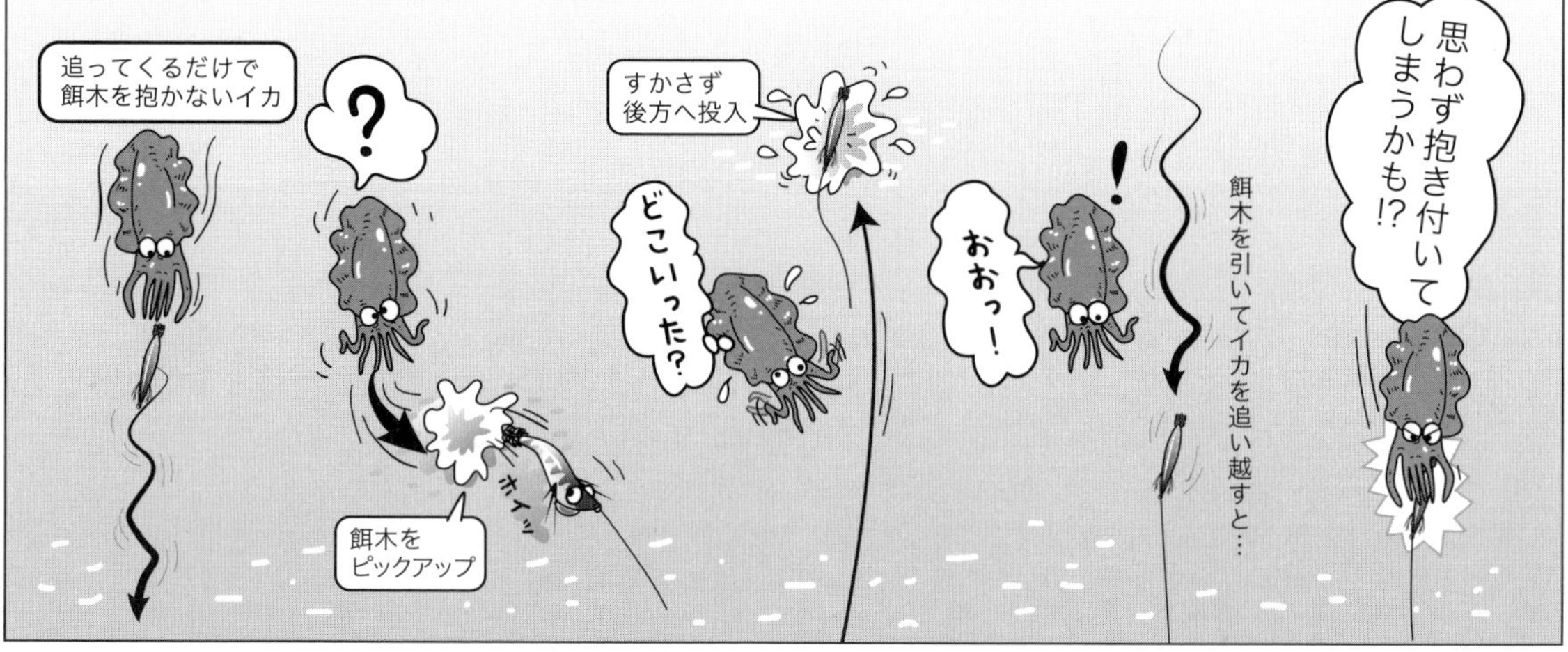

◎アオリイカはミカンの香りが大嫌い!? そんな迷信もあるエギングの世界

■以前、鹿児島の人が「ミカンを食べた手で餌木を触るとアオリイカが嫌がって絶対釣れない」などと言いきるものだから「そんなことあるかいな」とその人の目の前でミカンの汁を思い切り餌木に塗りたくって、すかさずキャストしてやったことがある。１投目、２投目で連続２ハイのアオリイカをヒットさせて「ほら､釣れるやん」と見せつけてやったのだ。「ふーん、釣れるんじゃのう」と、その人が納得したかどうかは別にして、古くからある釣りだけに、迷信めいたものがけっこうある。屋久島の東面（？）に生えている木で作った餌木が、めちゃくちゃ釣れるといって１本３万も４万円もすると聞いたことがあるが、これも迷信だと僕は思う。たとえよく釣れたとしても倍ほど釣果に差は付かないはずだ。

毒舌！ 実釣論 ⑩ 雌雄に関する考察

水温が下がるとオスは食欲減退
産卵のためメスは寒くても食欲旺盛なのでは？

**掛けたアオリイカの姿を見るまではオス、メスの区別はつかないが
メスばかりが釣れる時は水温が下がった証拠。産卵を控えた親イカになると
大型のオスほど、ゆっくりとした動きの餌木でないと追い切れない傾向がある。**

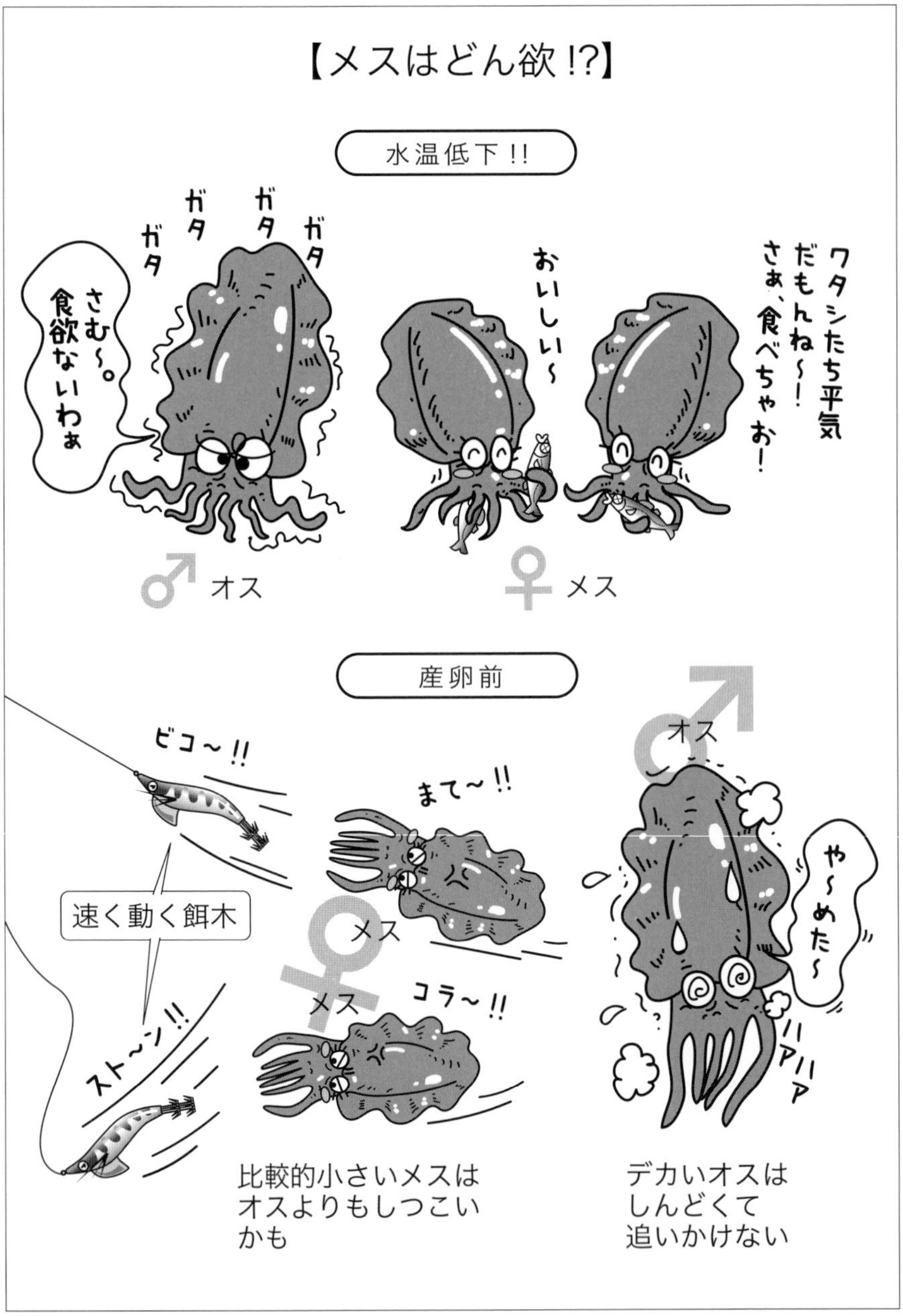
【メスはどん欲!?】
水温低下!!
ガタ
ガタ
ガタ
ガタ
さむ~。食欲ないわぁ
おいしい~
ワタシたち平気だもんね~! さぁ、食べちゃお!
オス
メス
産卵前
ピコ~!!
まて~!!
オス
や~めた~
ハァハァ
速く動く餌木
メス
メス
コラ~!!
ストーン!!
比較的小さいメスは
オスよりもしつこい
かも
デカいオスは
しんどくて
追いかけない

水温が下がるとメスは釣れるがオスは釣りにくくなる。水温が下がった瞬間、オスはエサを食えなくなるのだ。メスは産卵しなければならないため体力を蓄える必要があり、どん欲なのか食欲が減退しないようなのだ。これまでの経験で全国的にみられる傾向だ。釣りをしていて「今日はメスばっかりやなあ」というと船長などから「今日は水温下がってますよ」という言葉が返ってくることがほとんどだ。とにかくメスしか釣れない場合はショアでもオフショアでも、少しでも水温が高い場所を探してポイント移動するのだ。オスもメスも両方釣れるほうが当然釣果は伸びるからだ。

　たいていの方はご存じかと思うが、アオリイカのオスとメスはボディー背側の模様でだいたい見分けられる。オスは断続的な白色線があるのに対し、メスは斑点状の斑紋がある。ただし、なかにはオスともメスとも見分けが付きにくい中途

Q. オスとメスで餌木への反応の違いはありますか？

A. 産卵前の大型オスは素早い動きの餌木を追い続けない……といえるかも。

さて、この4ハイのアオリイカはオスか？　メスか？　白色線が顕著な左から3番目は明らかにオス、いちばん左は斑点状の斑紋が目立ち明らかにメスと分かるが、残りの2ハイがどちらともとれず……。そこで重見さんに見立ててもらうと左からメス、オス、オス、メスということだ

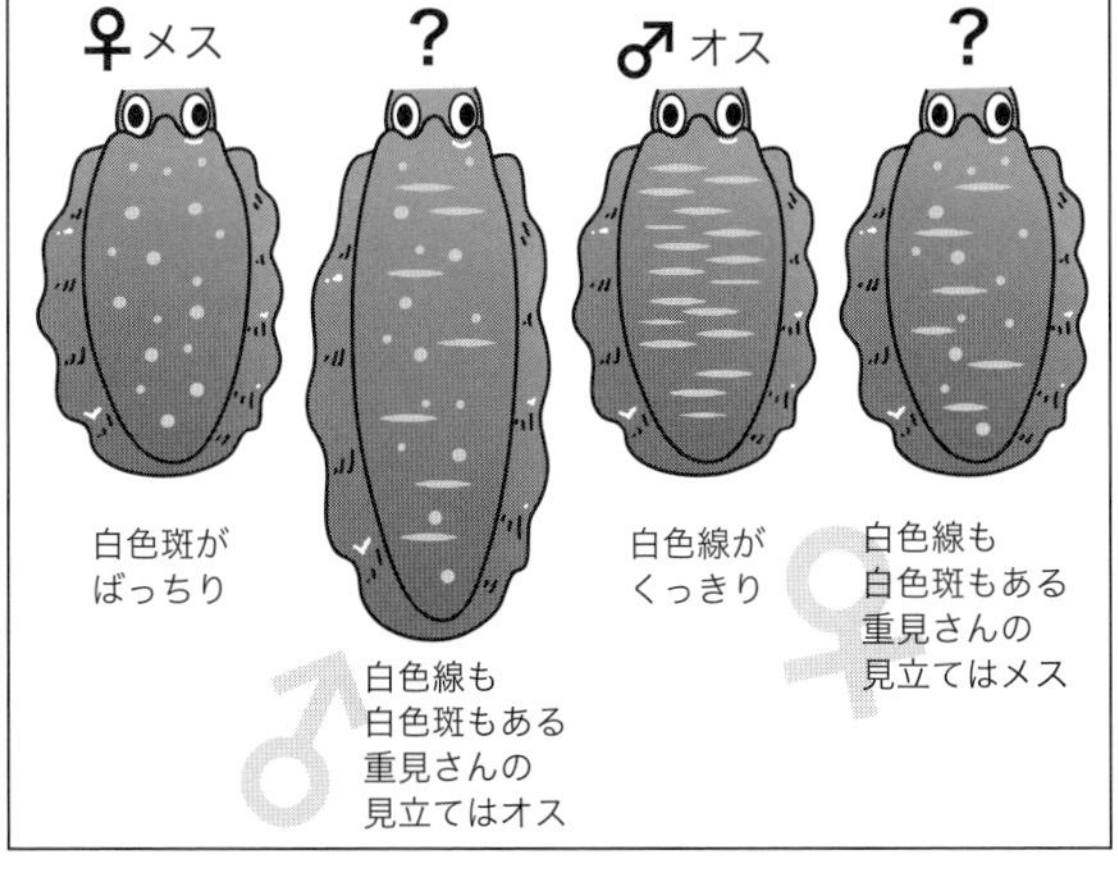

半端な模様の個体もいるが、慣れてくれば海面に浮かせた瞬間に判別できるようになる。とにかくオスは白色線が長くビシッとくっきりしている。丸い斑点もあるし白色線もあるが、それが短く丸みを帯びていたらメスだろうと僕は判断しているのだ。

オスとメスで餌木への反応の違いがあるのか？　という質問を受けることがあるのだが、それはなかなか難しい。あえていうなら春の産卵前、メスよりも大型が多いオスはゆっくりとした餌木の動きでないと付いて来にくいし、比較的小さいメスは多少速い動きでも追いかけてくるようだ。とはいえ、これはあくまでもひとつの目安だと思ってほしい。

毒舌！実釣論 ⑪ ドリフトの釣り

餌木先行でラインを引かせ送り込むのが鉄則 流速や角度などマッチする条件は多くない

「ドリフト」と誰が名付けたか知らないが本人的には「送り込み」の釣りという。適度な潮が流れないと難しいので、いつでもどこでも可能な釣りではないが、覚えておけば損はない引き出しのひとつ。ＬＢリールの出番だ。

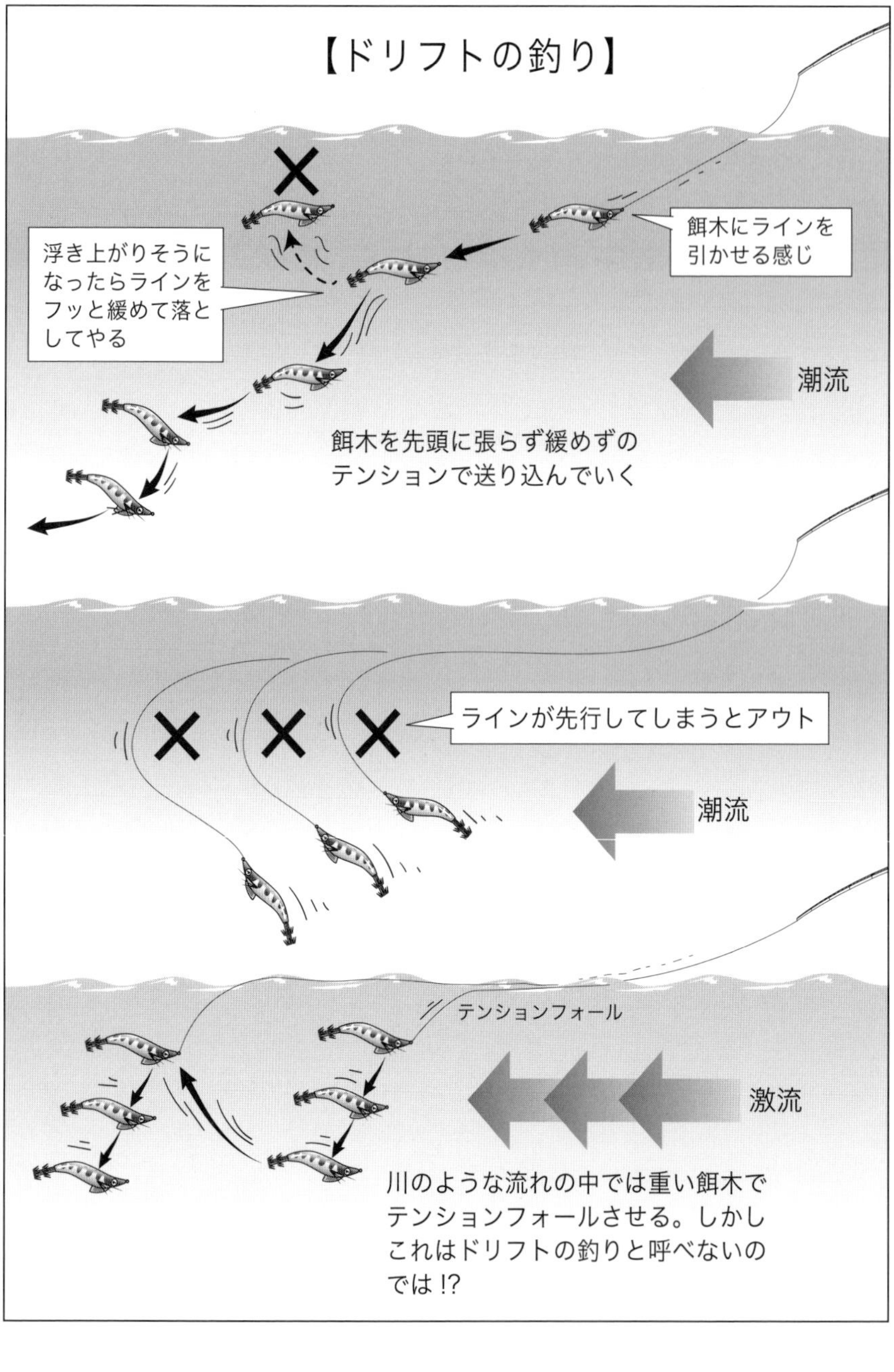

「ドリフトの釣り」「ドリフト釣法」という名前も僕以外の誰かが言い出したもので、僕は送り込みの釣りだと思っている。

簡単にいうと海中にある餌木を先頭にラインを引っ張らせながら流れに乗せ、ボトム目指して徐々に沈下させるというメソッドだ。たとえば太いラインを使っているとラインが受ける潮流抵抗が大きく、イトフケが大きくふくらんでラインが餌木を引っ張ってしまうかたちになるため、これでは釣れない。あくまでも餌木が先頭にないとダメ。ウキフカセ釣りのサシエ先行という考えと同じなのだ。

とにかく潮が流れていないと送り込みの釣りは成立しないということ。さらに潮の流れや速度は餌木を投げる方向、自分の立ち位置でも変わるし、刻一刻と潮の流れが変化するので、いつでもどこでも一日中実践できる釣りではないということだ。

餌木を潮流の中に入れてラインテンションをかけると餌木は浮き上がる。テンションを緩めると餌木は沈む。これを利用して流れの中でラインを送る、止めるの操作を行ない、餌木を階段状に沈めな

Q. 送り込んでいった場合、アタリはどう出るのですか？

A. **ラインを見ていれば分かります。テンションが加わっていたラインがフッとゆるむ瞬間、それがアタリです。**

ドリフト、送り込みの釣りではレバーブレーキリールが非常に役に立つ。ストッパーをオフにし、流れながら沈下する餌木のテンションでローターを逆転させラインを出すわけだが、その際にレバーの調整で逆転を制御できる。アワセを入れる際もグッとレバーを握り込むとローターの逆転を止めることができる

がら流し込んでいくのである。また一旦流れに乗せても距離やレンジで流れの速さや角度が変わるから、常にサオ先から出ているラインの張り加減、角度に集中しつつ、その都度ベストなラインテンションを調整しながら釣るという、なかなか面白い釣りなのだ。

この釣りで役に立つのがレバーブレーキリール。ストッパーをオフにして流れに引かれる餌木の力でローターを逆転させるのだが、レバーでその逆転スピードを制御できるのだ。スッと一気にテンションを抜いて餌木を落とす場合は、サオ先を素早く送り込んで対処する。餌木を浮き上がらせないことが鉄則だ。

これはとにかく潮次第。川のようにあまりにも速い潮ではやりにくい。そんな場合は重い餌木を使ってテンションフォールで釣ることになるが、これはドリフトの釣りではないだろう。そこそこの流れでないと……としかいいようがない。使用する餌木も、潮の速さに合わせて浮き上がらず一気に沈みすぎず、斜めに送り込める重さをチョイスすること。サイズは3・5寸、4寸と大きいほうが潮受けがよく、餌木先行という条件にマッチする。

アタリは送り込んでいたラインのテンションがスッと抜けたことで分かる。これは流れの中でイカが餌木を抱くと餌木の沈下がストップするからだ。そしてすかさずアワセを入れる。この場合も餌木先行で流し込んでいればアワセが効くが、ラインがふくらんで餌木を引っ張っていた場合はアワセが効かない。第一、そんな場合はアタリが分からないはずだ。

毒舌！実釣論 ⑫ 陸っぱりティップラン

ひたすらテンションフォールを繰り返し ラインではなくサオ先の変化でアタリを取る釣り

ラインの変化でアタリを取る普通のエギングとの使い分けは気分次第。
サオ先に出るアタリを視覚的に楽しみたい、と思ったら試してほしい。
ただし柔軟なソリッドティップロッドでないと難しい。

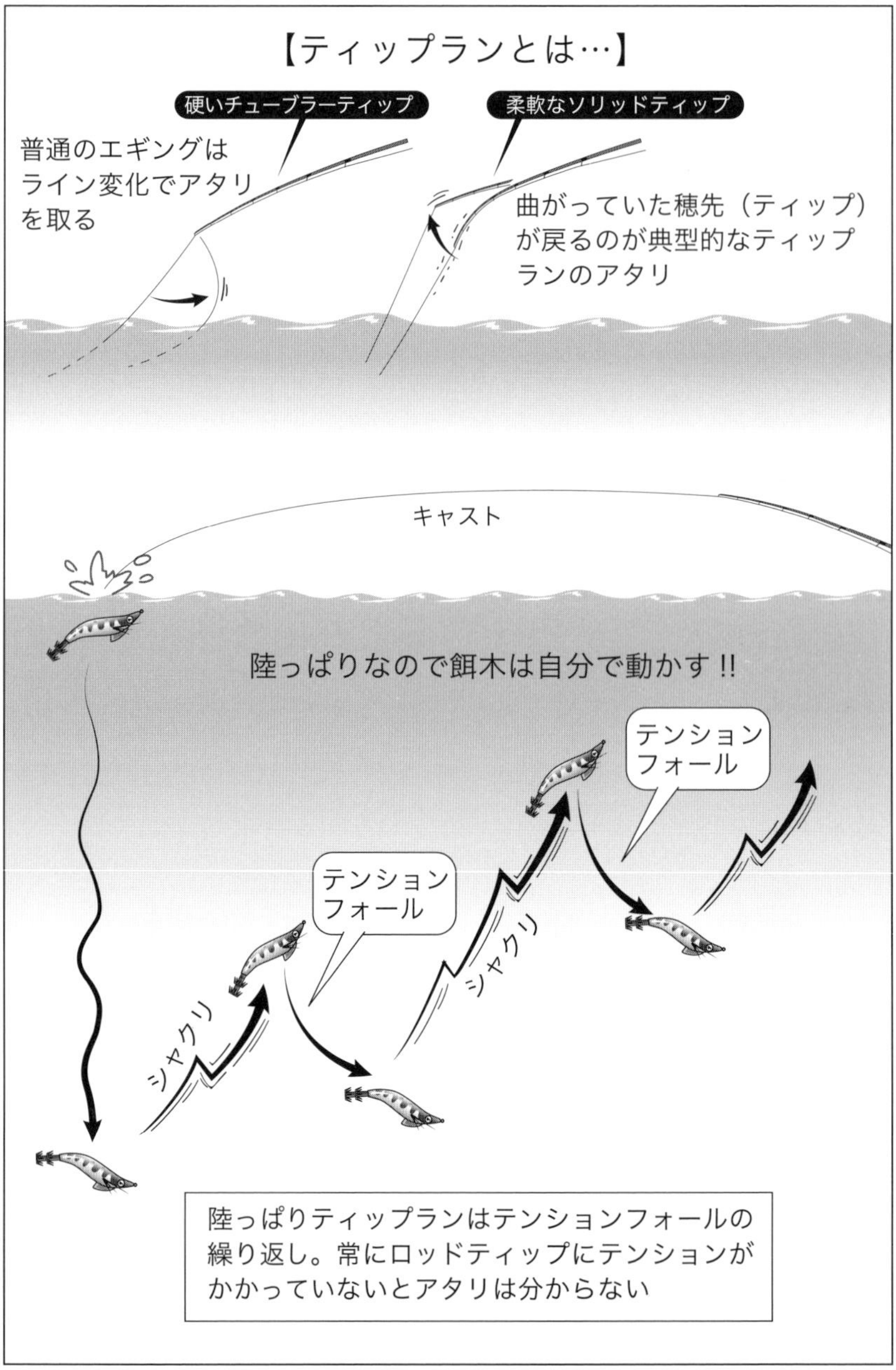

風に流される船上から餌木を沈めてサオ先の動きでアタリを取るエギングを「ティップラン」と呼ぶが、陸っぱりでもティップランが実は可能だ。ただし多くのエギングロッドは硬いチューブラー穂先なのでNG。そのため陸っぱりティップラン用のソリッドティップロッドを現在テストしており、近々エバーグリーンインターナショナルから発売になると思う。

従来のエギングはラインの動きでアタリを取る釣りだが、陸っぱりティップランはオフショア同様、サオ先の動き、すなわちティップでアタリを取る釣りだ。

そのために細く柔軟なソリッドティップが必要なのだ。

釣り方を簡単に説明するとテンションフォールの繰り返し。単にそれだけ。投げ込んだ餌木を動かして引き上げ、ティップが適当に曲がる程度のテンションをかけながら餌木をフォール。そしてイカが餌木に抱き付けばティップにその反応が表われる。ほとんどの場合は曲がっていたティップがスッと戻る、オフショア

Q. 陸っぱりのティップランと普通のエギング
どう使い分けるのですか？

A. それはアナタの気分次第。
サオ先でアタリを取りたいと
思ったらどうぞ！

近い将来発売が予定されているエバーグリーンのソリッドティップ搭載エギングロッド。まだテスト中のため詳細は不明だが「長さは8ftになるでしょう」と重見さん。陸っぱりティップラン用だがアジングやメバリングなどのライトゲームも楽しめるのが魅力

のティップランの典型的なアタリと同じだ。そう、サオ先の動きでアタリを取る陸っぱりティップランは視覚的に楽しい釣りなのだ。

そのためには餌木は重めで抵抗が大きなものを使う必要がある。軽い餌木はサオ先にテンションをかけにくいからだ。3・5寸のディープやエクストラディープ、ボディーが大きい4寸などを選ぶことが多い。これらの餌木で深いところに沈めてからシャクリ上げ、常時サオ先にテンションが加わるように操作するのである。ラインでアタリを取る本来のエギングとの使い分けは特になく、自分の好み、その時の気分でよい。サオ先を見てアタリが取りたいと思ったらティップラン。それでいいのだ。

またソリッドティップロッドのよいところは、従来のラインでアタリを取るエギングもできるし、メバリングやアジングなどのライトゲームにも流用できること。なかなか欲張りなロッドといえる。エバーグリーンインターナショナルから発売される専用モデルの長さは8ftになる予定だ。

Very Strange!

奇天烈！ 重見流

「人がしないことをするのが楽しいねん」という重見さんの釣りは時として非常に奇想天外！ 「マジでそんなことする？」と周囲の度肝を抜くのだ。「最近の若い人は工夫が足りん」というのが重見さんの口癖でもある。

奇天烈！ 重見流 ① バナナリグ？

オフショアの大型を確実キャッチ 餌木2本とオモリ並べて水深100m攻略

**とにかく常識にとらわれていたら面白くない。
釣りは遊びなのだから固定観念にとらわれず大いに楽しむべき。
餌木のサイズだってそうだし、餌木1個で釣らなきゃイケナイと誰が決めたのか？**

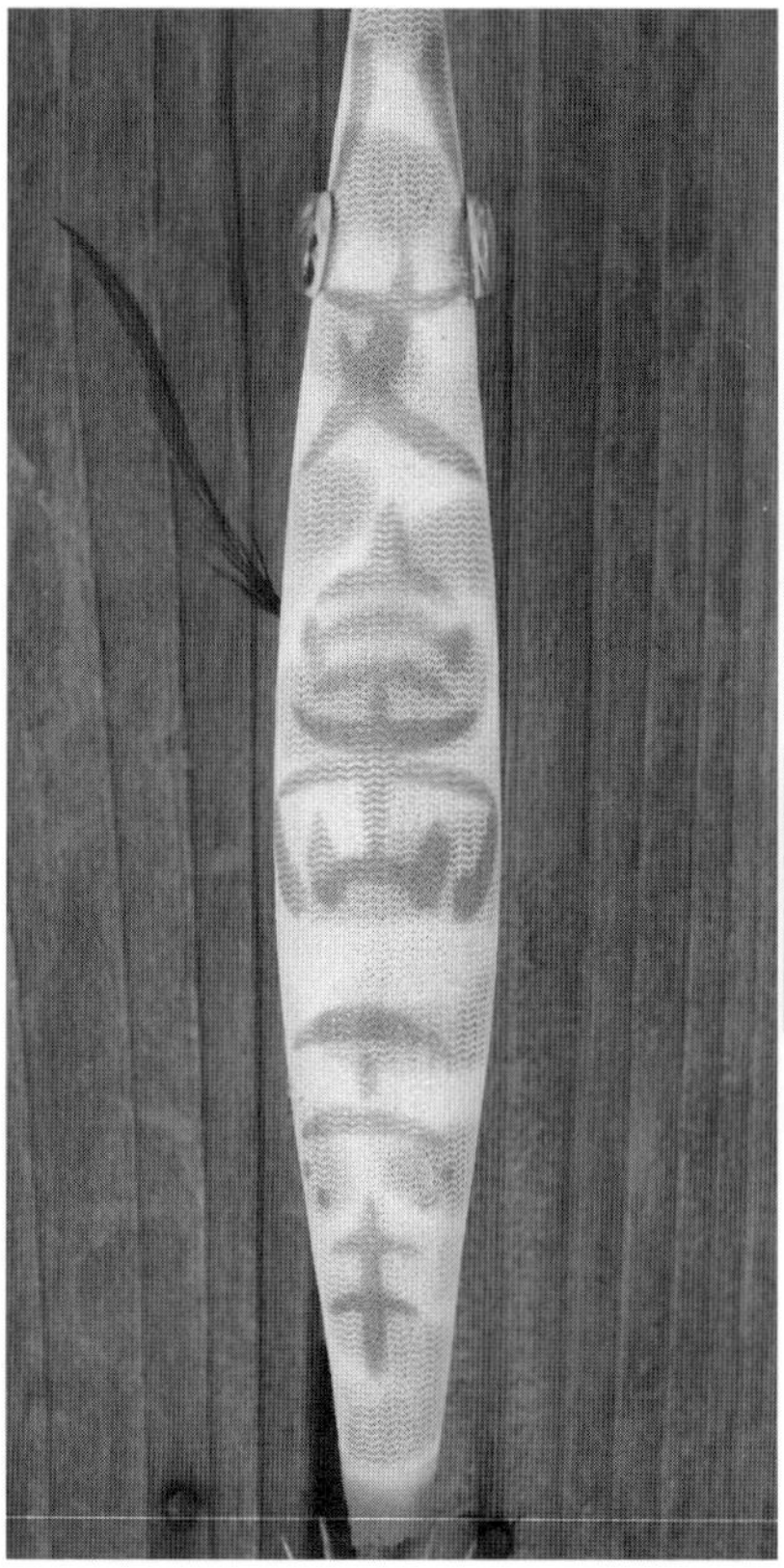

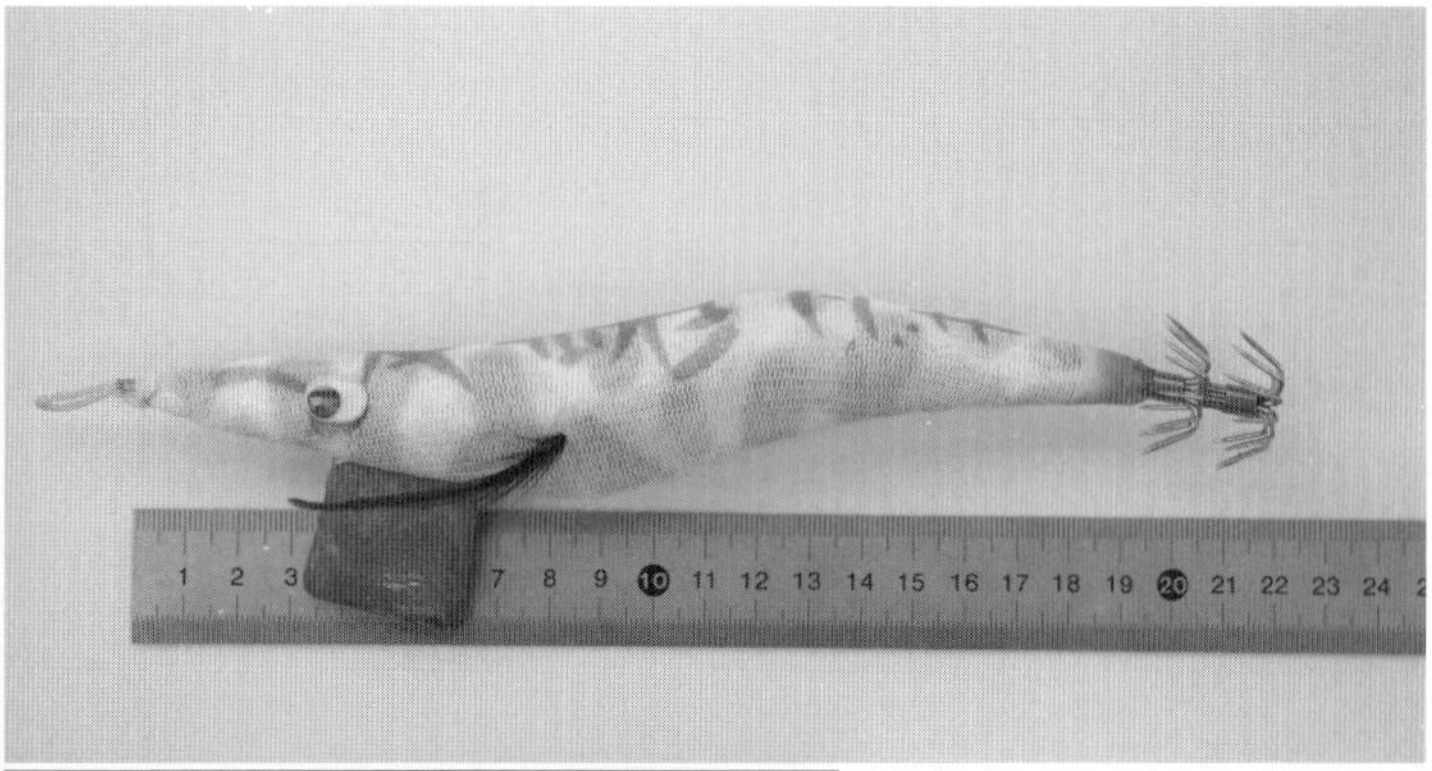

八丈島の釣具店の親父さんが作った6寸餌木。何と伊勢エビを模したというから驚きだ。重見さんはこれを種子島に持ち込んでオフショアで使用。誰も釣れない状況下3kgをゲットできたのは、ひとえにこの餌木の大きさによるアピール力の強さだろう。背中の「八丈島エギ」の文字が効いたかどうかは、イカに聞いてみないと分からない

まず人がやらない方法で釣るのが実に面白いし僕のポリシーでもある。教科書どおりの釣りだけでは楽しくない。奇策がエキサイティングなのだ。

八丈島でもらった6寸の餌木を種子島のオフショアで使って、誰も釣れない状況のなか3kgサイズをゲットしたこともある。この餌木作者である八丈島の釣具店の親父さんはイセエビを模して作ったと言っていた。

これもオフショアの話だが、餌木2個と六角オモリをバナナのように連結して釣ったこともある。水深100mもある超ディープな沖縄のポイントだったので、普通に釣っている同船者のすべてが、やり取りの途中で引き上げるまでに身切れでバラしていた。そこで4寸ディープタイプの餌木2個の鼻先をスプリットリングで連結し、さらに親子サルカンとスナップを利用して20号のオモリも取り付けて沈めたのである。

そう、まるでバナナのようなリグ。餌木2個のほうがハリが多くなるので掛かったイカのキープ率が高いと考えたのだ。おかげで3kgオーバーをバラすことなく取り込めたと覚えている。そんなリグにすると餌木の動きがおかしくなる？ どっちみち水深100mのレンジでは、単体でも餌木はまともに動かない。このバナナリグは明石海峡のタコエギングでも使ったことがある。

イカメタルのオバマリグ風に4寸餌木を上下に2個付けして釣ったこともある。餌木と餌木の間隔はねらっているアオリイカ1パイ分。2つの餌木に2ハイのイカを掛けたまではよかったが、両方のイカが反対側に引き合いをしたので枝スの結び目が切れて失敗！ こんなこともある。でも、普通に釣っているより、はるかに面白いのだ。

Q. 陸っぱりでも５寸、６寸の大型餌木を使ってもよいのでしょうか？

A. **キャストできるタックルがあれば、まったく問題ナシです。どんどん投げてください！**

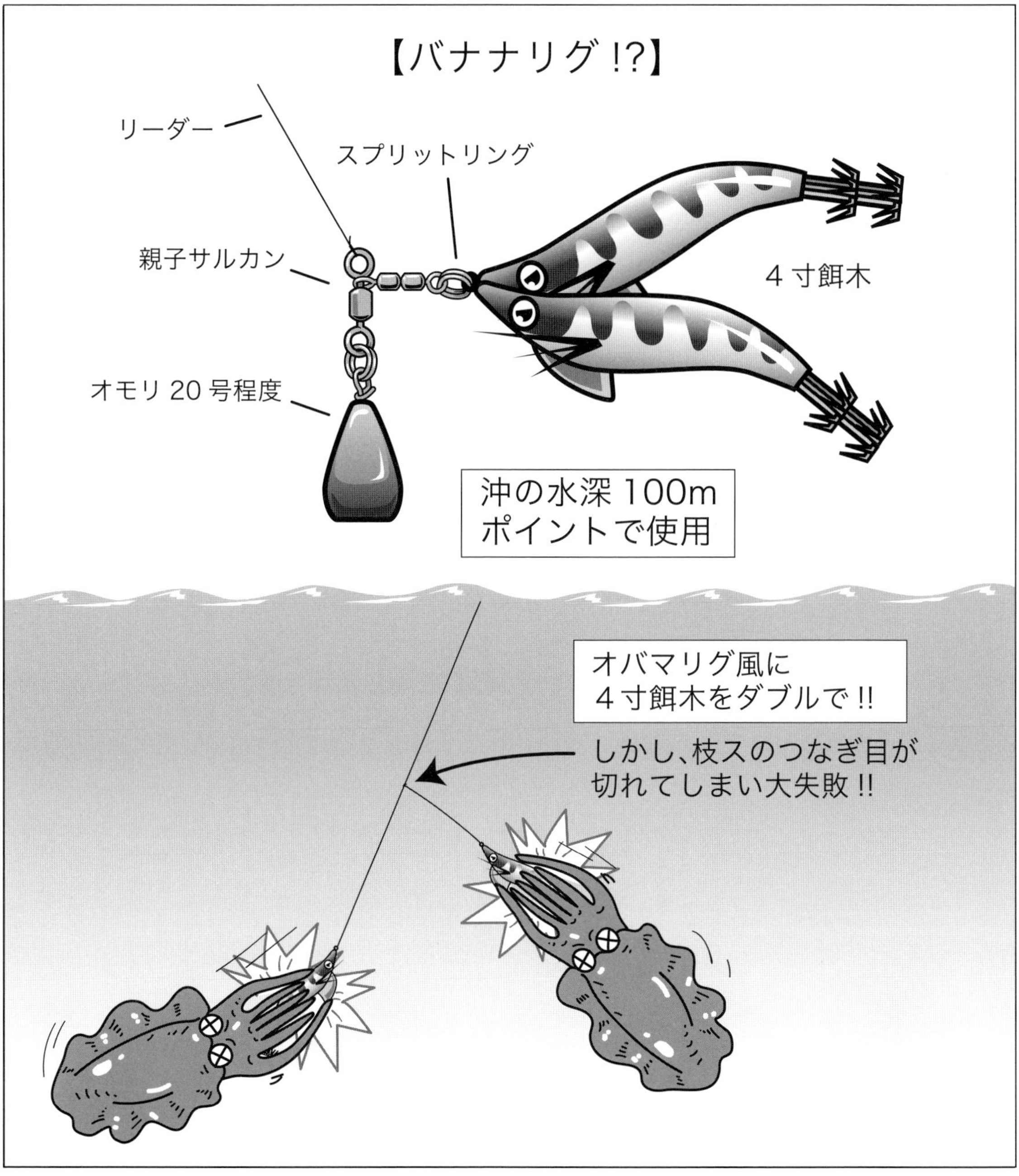

奇天烈！ 重見流 ② フロートエギング

ひょっとしたらドリフト釣法の元祖？ 遊動ウキ仕掛けで餌木を藻の上に！

「びっしりとボトムに生えた藻の上で何とか釣りたい！」と考えたら答えはウキ釣りになった。透明度が高い日本海の漁港、吊るされた餌木に接近する茶色い影は紛れもなくアオリの2〜3kgクラス。いくらでも釣れる時代だった。

写真では藻もまばらだが春の若狭や但馬の海は長い海藻がびっしりと生える。親イカを釣るためには、この藻を何とかクリアしなければいけなかったのだ

ある時、海面に浮かぶ藻を抱いたイカを発見したので「何でやろ?」と思い、黒いビーチサンダルに掛けバリを付けて海面を釣ってみたことがある。釣れたかって? そんなもの釣れるワケがない。でも、かつてはこんな遊びをよくやったものだ。最近の若い人に、こういった楽しみ方を知らない人が多いのは残念。とにかく、人がやらないことをやってみよう。根掛かりの項で紹介したウキを使ったエギングもそうだ。

考えてみればウキの下に餌木を吊るして藻や根の上スレスレを流していく釣りはドリフト釣りの元祖なのだ。ウキは飛ばしサビキで使うような大きなもので、餌木は3・5寸だったと思う。ウキ止メを付けた遊動ウキ仕掛けにして、とにかくウキ下を藻に引っ掛からない長さに設定。おそらくウキ下は2ヒロぐらいだったと思う。

海中で餌木は鼻を上に向けた状態で吊るされているので、そのままだとアオリイカにアピールしない。流れる仕掛けを頻繁に止めたり引いたりして餌木を動かし誘いを入れるのだ。まだPEラインがない頃だったと思うので、ラインはたぶんナイロン2号か3号を通しで使用。ロッドはトラウトロッドか、ひょっとしたら磯ザオだったかもしれない。

これは日本海の若狭や但馬の漁港でやった。春の親イカシーズンに2kg、3kgの大イカが普通に釣れた。透明度の高い海なので海中の餌木に茶色い大きな影が接近してくるのが見える。そのうちウキがゆっくり海中に見えなくなるほど引き込まれる。そのタイミングで思い切りアワセを入れるのだ。根掛かりもなく快適ではあったが、ゲーム性に乏しいので以後やらなくなったのだ。

Q. 藻場をシャロータイプの餌木で釣ることは考えなかったのですか？

A. **そんな餌木などないしＰＥラインもない時代だったので、どうしようもありませんでした。**

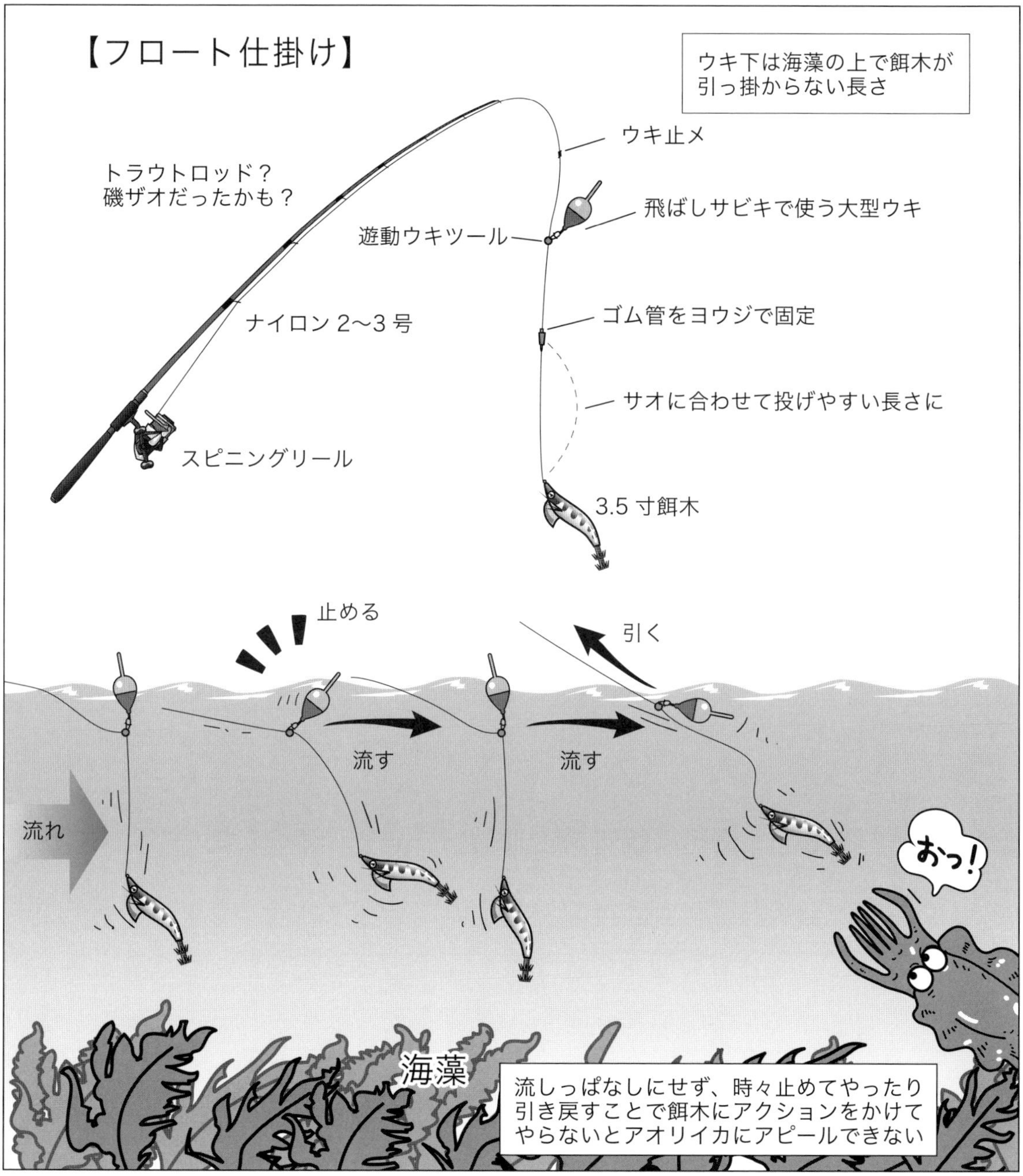

奇天烈！ 重見流 ③ オフショア・ティップランの条件

風なくしてティップランは成立せず 潮と風が逆方向がベストコンディション

遊漁船でティップランをする場合は船長任せで大丈夫だが、
レンタルボートの手前船頭の場合はティップランにマッチする場所を探さないといけない。
とにかく風が吹いてボートが流されないと成立しないのだ。

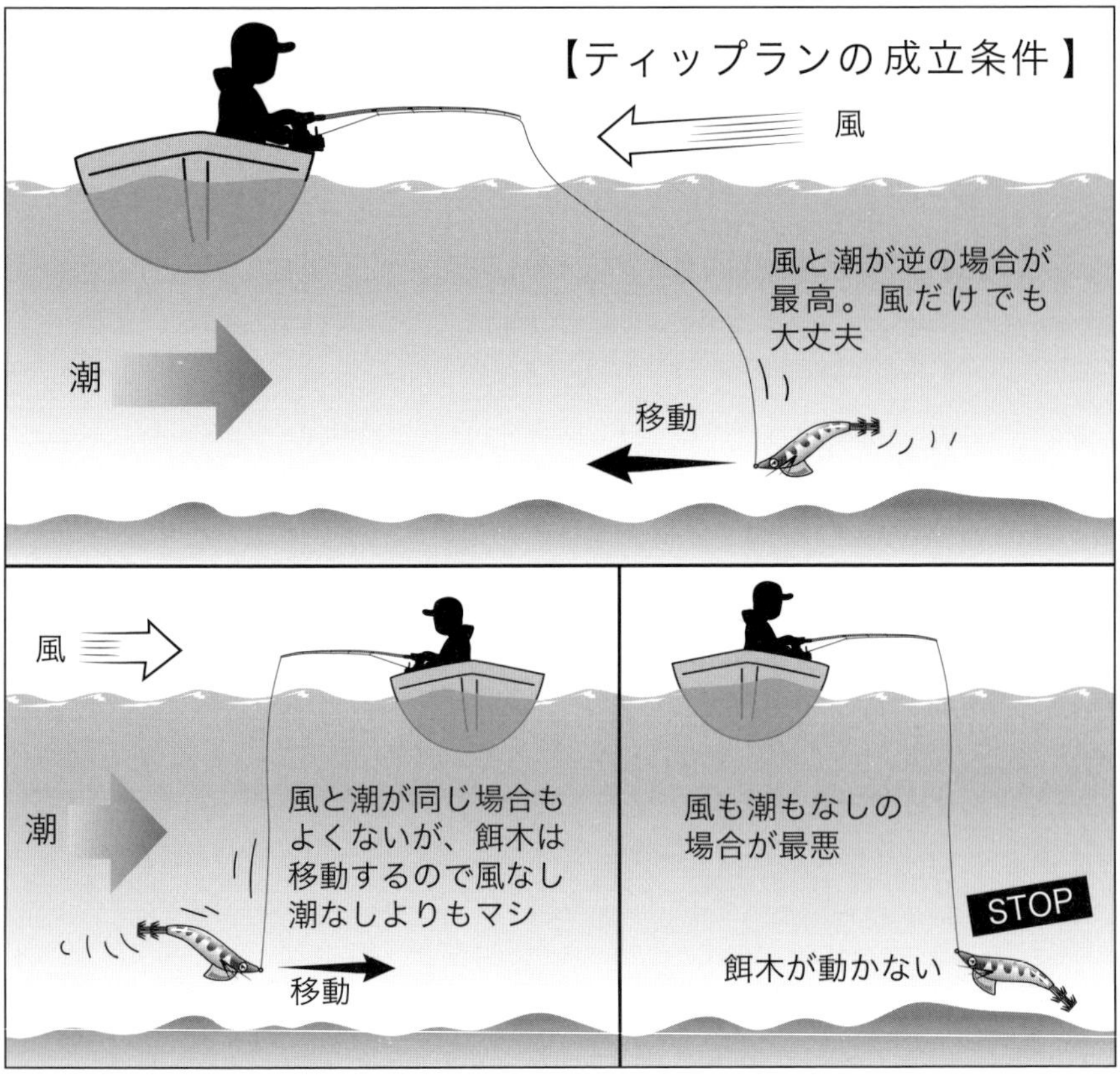

プレジャーボートでティップランする際のコツは風と潮を読むこと。とにかくボートが風に流されないとティップランは成立しないが、基本的に風と潮が逆になっていることが望ましい。また潮が流れていなくても風でボートが流されればOKだ。

つまりこの釣りでは海中に入るラインが斜めになりテンションがかかることが条件といえる。しかし陸っぱりと違って自由気ままなボート釣りだから、そんな条件が整うポイントを探すことができるのが強みなのだ。

とはいっても相手は自然、どうしても釣りにくい状況でねらわないといけない場合もある。最悪は風もなく潮も流れない場合。こんな時は餌木をキャストして引いて釣るしかない。

風と潮が同方向の場合はどうか？　これも風なし潮なしと似たような状況で、双方の速度が同調するとラインは真っ直ぐ下に落ちて、いわゆるティップランにはならない。ただ海面の流れと宙層からボトム付近の流れが違う場合もあるのでややこしい。

海面の流れと風が同じ向きでも下の流れが逆の場合は釣りやすいが、底層の流れのほうが速い場合は風上に向いて釣るよりも風下、潮下側を釣るほうが釣りやすいはずだ。まあ、実際には餌木を入れてみてラインの角度を見て釣りをする方向を決めればよいといえる。

ボートの大きさも影響する。遊漁船のように大型ボートになるとそれだけ風の影響を受けて流されやすいので、風と潮が同じでも船の流れが潮の速さに勝ればティップランは成立する。

風と潮が逆の理想的な場合でも、爆風で風の力が勝る条件なら餌木が浮きやすくなってしまうので、そんな場合は重い餌木、さらにシンカーを追加して釣ればよいのだ。

最後にティップランのしやすさをランク付けするとナンバーワンは間違いなく潮と風が逆の場合。さらにいえば潮と風が同じ向きよりも潮は動かないが風は吹いている、というケースのほうが上だ。この釣りでは、とにかく風が吹かない日が最悪なのだ。

Q. 爆風でもティップランはやれますか？

A. 餌木が浮きやすいので、できるだけ重い餌木を使用。それでも浮くならシンカーを追加しましょう。

遊漁船のティップラン（上）とレンタルボートで手前船頭のティップラン(下)。操船しなくてよいので遊漁船が楽。明らかに釣果も上がるがレンタルボートには自由気ままにノンビリ釣れる魅力がある。いずれにしてもティップランは風が吹いていないとどうしようもない

奇天烈！ 重見流 ④ 沖縄オフショア

意外とリーズナブルなイカ王国
水深100mディープでレギュラー3kg前後

ナイトゲームをする人ならショアもありだがデイ専門の重見さんはオフショア一筋。
調子がよい日に当たれば3kgクラスをレギュラーに忙しいほど釣れまくる。
LCCと乗合船利用なら料金は破格！

サーフは浅く、漁港からもリーフなどで根掛かりが厳しいため沖縄ではデイの陸っぱりは釣りにならない。水面を引けば釣れると思うがショアのイカの絶対数が少なすぎる。何せ僕は夜釣りをしないので……。とはいえオフショア限定でも僕は沖縄のアオリイカ釣りが大好きだ。

他の離島へ行くより直行便1本で行けるので航空運賃も安いし、何よりも遊漁船がリーズナブル。乗り合いなら1日4000円で釣りができるのだ。船はどて ら流し、ティップラン、アゴリグで釣っている。浅場でキャスティングも可能だが、本命は何といっても80～100mの深場だ。4寸餌木にアゴリグシンカー(六角オモリや現地独特の楕円形オモリ、僕はタングステンシンカーを3個付けることもある）20～30号。とにかく餌木はデカイほうがよい。現地では4・75寸という餌木があるぐらい。5寸、6寸を持っているなら、それを使えばよい。とにかく大きな餌木に特大アオリイカが乗ってくる。

僕が釣りに行くのは3～9月ぐらいまでの間。10月になると船はGTねらいに切り替わる。利用しているのは沖縄本島北部・本部の遊漁船。ポイントは海洋博公園・美ら海の前あたりだ。

釣れるアオリイカのサイズは3kg前後がレギュラー。なかには4kg、5kgという大型も混じるし釣ったことはないがボディーが雨傘ほどもある超大型も餌木を追いかけてくるのだ。こういった大型のほとんどはアカイカタイプだが、時折り釣れる1kg級の小型にはシロイカタイプ

Q. 通常のエギングタックルではダメでしょうね？

A. デカイカばかりですから 僕はジギングのベイトタックル使ってます。

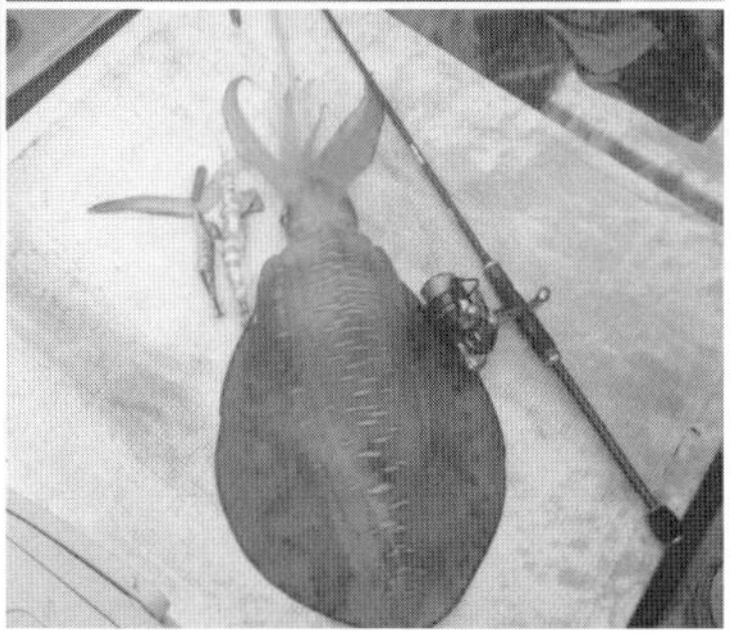

重見さんの沖縄メモリーズ。3kgクラスは当たり前、4kg、5kgも夢ではない。釣り場は沖縄本島北部の東シナ海側。本部の船で美ら海の前周辺の80～100mをねらうディープエギングだ

もいるようだ。

現地ではとにかくアタリが連発。2日間の釣りで60kgほど釣ったことがある。船上はお祭り騒ぎで船長も忙しい。自分でタモ入れすることも珍しくない。そんな釣りなので通常のエギングタックルは役に立たない。ロッドは青ものなどで使用するジギング用を使用し大型イカの引きを楽しんでいる。リールはパワーがあるベイトタイプがメインだ。

奇天烈！ 重見流 ⑤ 強烈！種子島

超大型を釣るなら断然！鉄砲伝来の島
春の親イカシーズンはレギュラー5kgクラス

種子島は飛行機を乗り継がなければいけないので航空運賃が高い。にもかかわらずファンが多いのは沖縄よりも大型が高確率で釣れるから。ポイントの水深も 20 mからと釣りやすいことも魅力だ。

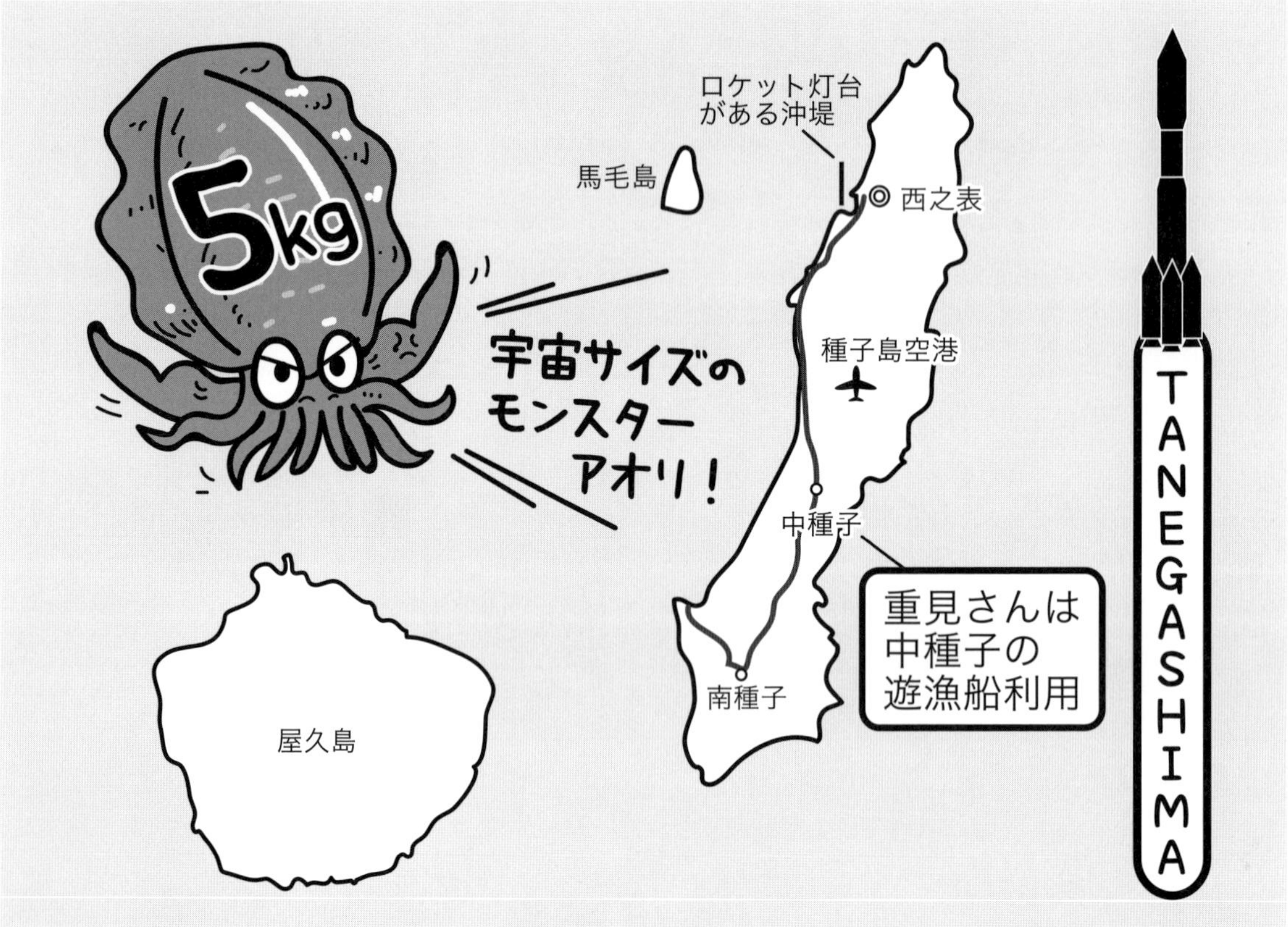

とにかくバカでかいアオリイカを釣るなら種子島だ。沖縄よりはるかに大型が多く5kgクラスが当たり前に釣れる。なぜ沖縄より大型が釣れるかというと、たぶん沖縄にはアオリイカを食う大型魚も多いので、その大きさに育つまで、なかなか生き残れないからだと思っている。ただし飛行機で行くと東京や大阪から直行便がないため、鹿児島空港で乗り継ぎとなり運賃が非常にかさむ。また遊漁船の料金もかなり高くチャーター料は7万円だったと思う。多人数で乗らないかぎり厳しい値段だ。

僕が行くのは産卵前の大型親イカねらいなのでゴールデンウィークから5月いっぱい。利用しているのは中種子の船でポイントは沖縄ほど深くはなく20ｍから深くて60ｍなので釣りやすい。釣り方自体は沖縄と変わらずジギングロッドにベイトリール、４寸餌木のアゴリグ。シンカーは8号ぐらいでＯＫだ。とにかくレギュラーサイズが５kg前後なので、熱心に通うファンが多い。あまり意識したことはないがアカイカタイプをメインにシロイカタイプもいると思う。

種子島は陸っぱりのデイゲームも可能だ。西之表のロケット灯台がある沖堤などが代表的な釣り場。僕の場合、シケで遊漁船が出られない時にしか行かない。潮流はすこぶる速く２～３ノット。水深は20ｍと深い。そこでソリッドティップ・ロッドを使って陸っぱりティップランをするというか、強制的にドリフトの釣りをする。ここでは３・５～４寸の餌木にイトオモリを巻いて速い流れに沈めてい

Q. 種子島でデイの陸っぱりエギングは可能ですか？

A. 僕は船が出ない日に西之表のロケット灯台のある沖堤に渡って釣りをします。

ドカーンとロケットを打ち上げる南海の孤島の周りにはズガーン！　とロッドをひん曲げるド迫力のモンスターがうようよ。チャンスがあればぜひ訪れてみたいドリームフィールドだ

◎掛けた大イカに大型が襲いかかる!?

■陸っぱりで掛かったアオリイカを寄せていると、突然その重みが増し引き方もおかしくなることがある。実は掛かったアオリを別のアオリが抱きに来ているとしか思えないのだ。それが仲間を食いに来ているのか、じゃれついているだけなのか、餌木を横取りしようと襲ってきたのかは僕には分からない。その証拠に釣れたイカのエンペラに他のイカの噛み跡が付いていることがあるのだ。

さらにエンペラに掛かって別のイカが上がってきたり、もっと強烈な場合はエンペラだけが切れて上がってきたりすることもある。寄せているイカの重みが増したり変な引きになっていたのが、途中で急に軽くなり、最初の１パイだけの時とはまったく別の引きになることがある。それは２ハイのイカがすったもんだしているうちに最初のイカが外れ、あとから来たイカのエンペラに掛かったとしか考えられないのである。要は魚でいうスレ掛かりなのだが、実はこういうことがけっこうあるのだ。サイズは２kgでも３kgでも。３kgが２kgを襲うこともあるし２kgが自分より大きな３kgを襲うこともある。

る。大型テトラが入っており危険なため、釣り座になるのはテトラが入っていない部分のみ。足場が高いので落としダモを持参すれば大型の取り込みも安心だ。

奇天烈！ 重見流 ⑥ 対馬海流筋の離島レビュー

五島・壱岐・隠岐はシロイカタイプがメイン 福江島はレンタカーで漁港ランガンが楽しい

近年は取材でしかエギングをしない重見さんが陸っぱりで訪れるのは
五島、壱岐、隠岐など対馬海流筋の東シナ海から日本海側。
沖縄や種子島と違ってシロイカタイプがメインになるが2～3kgは当たり前に釣れる。

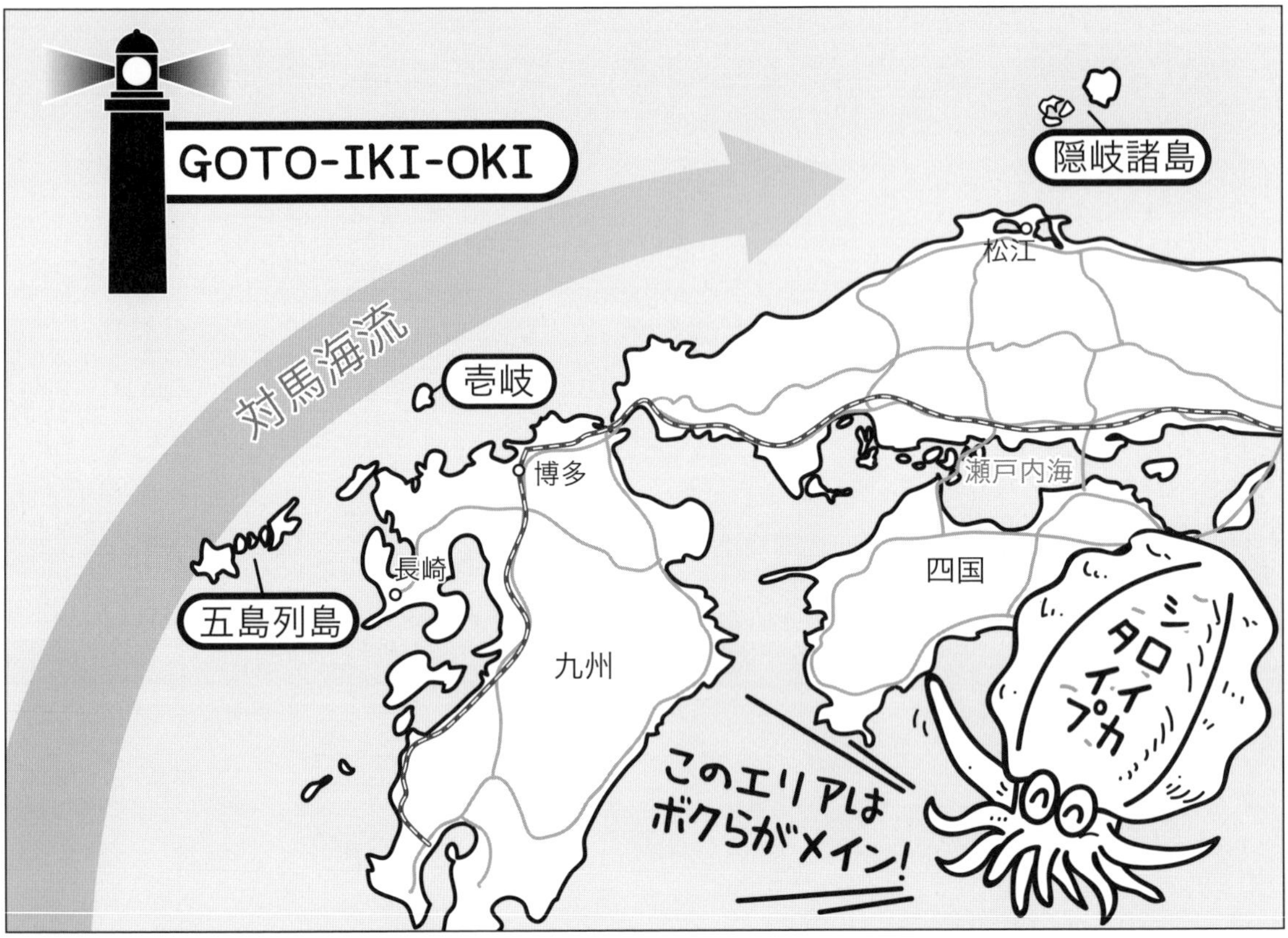

長崎県の五島列島・福江島。空路を利用して空港からはレンタカーで島内漁港をランガンするスタイルで楽しんでいる。基本的に磯では釣りをしないが2015年の5、6月は渡船で沖磯に渡って釣りをした。この時は、まずまずの釣果だったと記憶している。とにかく自分では重量もサイズも測らないので、けっこう釣れたとしかいいようがない。サイズはキロクラスは当たり前。自分では3kg近いイカを釣ったことしかないが4kg、5kgもいるだろうと思っている。

同じ長崎県の壱岐も便利な釣り場。飛行機でも行けるが僕は新幹線で博多入りすることが多い。博多駅から港までタクシーで10分ほど。そこから高速船のジェットフォイルで島に渡る。ここも島内に防波堤がたくさんあり地磯も含めてランガン可能。釣れるサイズは五島と似たような感じ。五島も壱岐もシロイカタイプがメインだ。

ここは早ければ3～4月に釣れるが本格化するのは5月のゴールデンウィーク頃。その時期になるとアオリイカが沖から浅い沿岸部へ産卵のために大挙接岸する。ところが近年は磯焼けのため沿岸部の藻が切れて少なくなり産卵場が減少している。そんな状況でアオリイカはしかたなく沖の藻場で産卵するため、沖で生まれた子供はすぐに魚たちに食われてしまう。そのため個体数が減少し、最近は釣果が芳しくない。これは全国的にもいえることだろうと考えている。磯焼けの原因はガンガゼウニのせい……という話を聞いたことがある。

五島の福江島ではレンタカーを利用して各漁港をランガンするスタイルがメインだが、時には渡船を利用してグレ釣りでも名の知れた沖磯で釣ることも。キロクラスは当たり前に釣れるし、それ以上の大型の可能性も否定できない

Q. 五島や壱岐は温泉もよさそうですね？

A. すみません、ロケ釣行なのでなかなか入るチャンスがありません。福江島なら荒川温泉など有名ですね。

島根県隠岐は知夫里島の来居港。撮影時は6月だったので重見さんが語るような長い海藻はすでに切れたのか確認できなかった。港の外側の防波堤は潮通しがよく磯場もからんでおり、エギングポイントとして有望だ

島根県の隠岐も魅力的な釣り場だが、過去2回の取材釣行で好釣果は残せていない。何せ島前の知夫里島、西ノ島を訪れた5月は黄色い藻が長すぎて非常に釣りにくかった。2kgクラスは普通に釣れると思う。

奇天烈！ 重見流 ⑦ アオリイカ以外のエギング

明石海峡のマダコを４寸餌木のアゴリグで！ パワフルジギングロッドで底から引きはがせ！

アオリ以外にエギングで専門にねらうのが明石の乗合船で釣るマダコ。
釣り自体それほど面白いとは思わないが、これは自分の食欲を満たすための釣りだ。
根掛かりさせないようにボトムへ餌木を置きにいく感じで釣る。

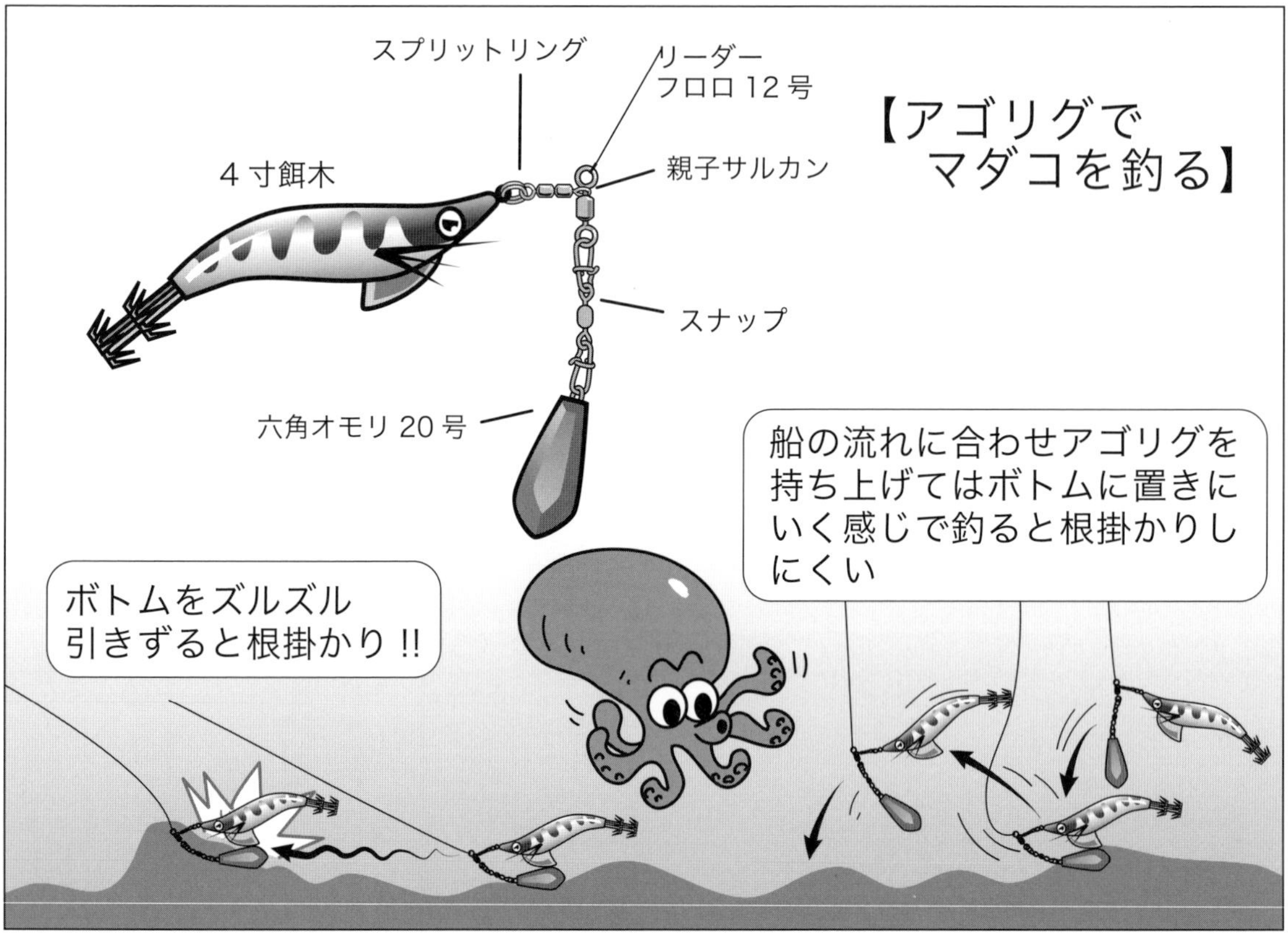

明石海峡や鹿ノ瀬に出る乗合船でマダコをねらうタコエギングにも、たまに顔を出している。４寸餌木のアゴリグで底をねらうだけ。エサを巻かねばならないテンヤの釣りにくらべて餌木のほうが勝負が早い。リグは親子サルカンの下側２つの環それぞれにオモリと餌木を取り付ける。オモリは六角の20号ぐらいだ。タックルは頑丈でパワーがあるものを。エギングロッドだと底から引きはがしにくいので、ジギングロッドとベイトリールを流用している。ラインはＰＥ３～４号、リーダーはフロロ12号。ＰＥとフロロリーダーのベストバランスはＰＥの号数×４と覚えておけばよい。

　コツは根掛かりさせないこと。アゴリグで海底をズルズル引くと根掛かりのリスクが高いので、船の流れに合わせてリグを海底に置いては持ち上げ、置いては持ち上げるという動作を繰り返す。流れが速いと非常に忙しい釣りだが、根掛かりすることを考えると、この方法がベストだろう。

　アタリはぐい～っと重みが乗り込むのですぐに分かる。その瞬間に思い切り合わせて底から引き離すのだ。あとは巻き上げて船べりに張り付かれないように一気に船内へ抜き上げる。釣り自体の面白味には欠けるが、僕は美味しい明石ダコが食べたいために乗船しているのだ。

　アオリイカ以外のエギングとしてはオフショアのマダコぐらい。日本海側で冬場に盛んなヤリイカのエギングという釣りもあるが、僕は寒いのが苦手なので、申し訳ないがやらない。

Q. 餌木でも底を引きずるように釣るのでしょうか？

A. 漁師さんのテンヤのように引きずると根掛かり多発しますので、餌木を底に置いては持ち上げるようにして釣ってください。

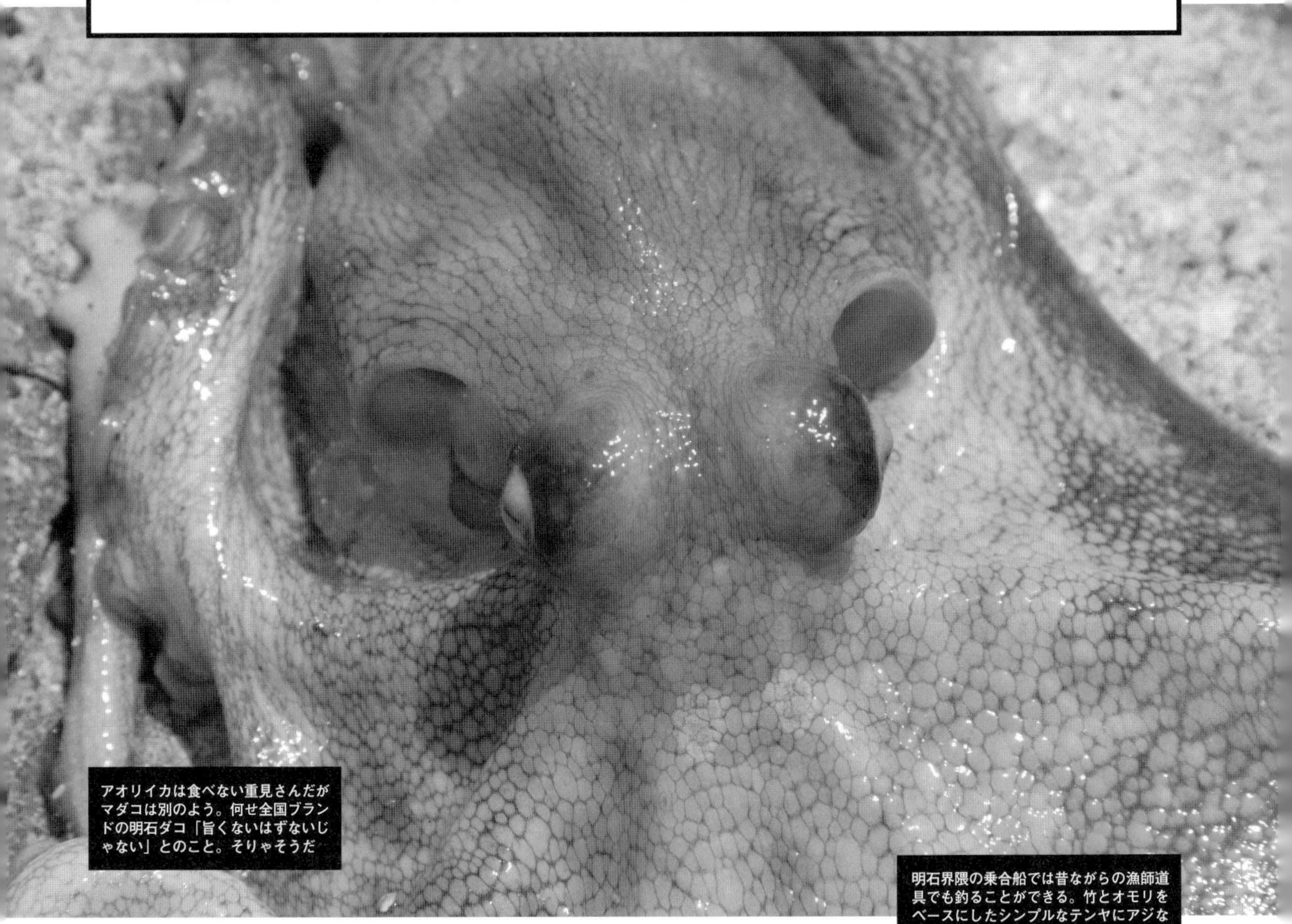

アオリイカは食べない重見さんだがマダコは別のよう。何せ全国ブランドの明石ダコ「旨くないはずないじゃない」とのこと。そりゃそうだ

明石界隈の乗合船では昔ながらの漁師道具でも釣ることができる。竹とオモリをベースにしたシンプルなテンヤにアジなどのエサを縛り付けて底を引きずる

奇天烈！ 重見流 ⑧ 食べる話も少しだけ

冷凍したほうが旨いし料理も楽！ オススメは豆板醤炒め＆しゃぶしゃぶ

若い頃からアオリを食べすぎた（？）からか近頃の重見さんはまったく食べないという。ただし食べたい人がいれば自ら料理の腕をふるうそうで、美味しく食べるコツは「冷凍」「火」「油」だという。

オフショアでもショアでも釣りあげたアオリイカはチャック付きのナイロン袋に入れて、そのままクーラーへ。1回に食べる分ごとに小分けしておけば便利。オカッパリでは締めないが遊漁船で船長が締めてくれる場合は別。「締めんでいいよとは言いません」と重見さん

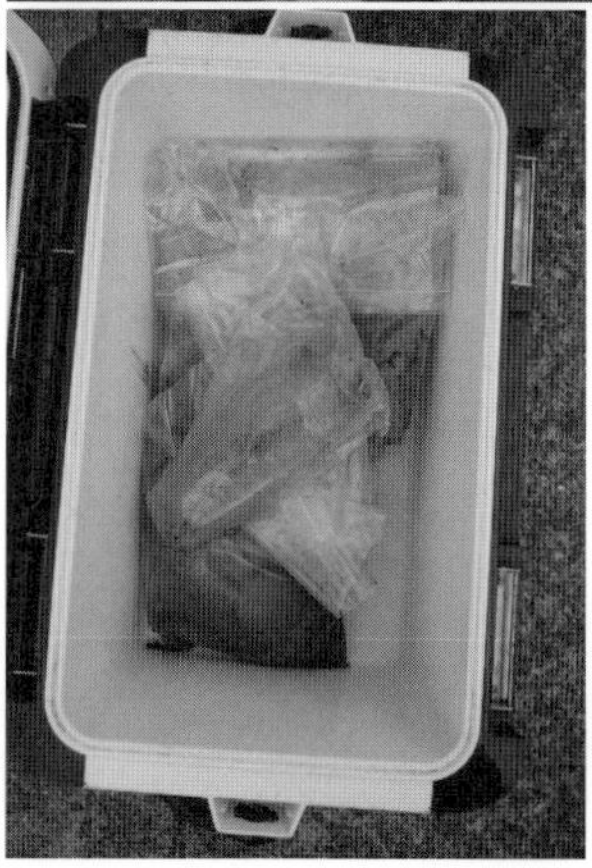

釣ったアオリイカはそのままナイロン袋に入れ、すぐにクーラーへ。最近はシメない。そう味が変わるとは思わないからだ。ただ釣って、その日のうちに食べるよりも、一旦冷凍したほうがはるかに旨い。また、生のままさばくとどうしても墨で身が汚れるが、冷凍した状態でさばくと凍ったままの墨袋をポンと取り出せるので汚れずに楽。水道で水洗いする必要がないので旨いのだ。

また個人的にアオリイカは火を入れたほうが甘みが増して美味しいと思っている。特に油との相性がよく唐揚げや竜田揚げもいけるが、辛みを入れることで味が引き立つので、おすすめは「豆板醤炒め」だ。自分ではアオリイカを食べないが人に振る舞う時の定番料理だ。

フライパンに油を敷き刻んだニンニクを炒めたら食べやすい大きさに切ったアオリイカの身、ゲソ、キャベツ、ピーマン、タマネギなど野菜を入れて炒めるだけ。味付けは豆板醤と塩こしょう。香り付けにごま油を使ってもよい。

もう一品、いくらでも食べられると評

Q. 刺身は大好きですけど火を通したイカは独特の臭みがあって苦手なのですが？

A. じゃあ「しゃぶしゃぶ」どうですか？卵黄を溶いた天つゆで食べると旨いですよ。

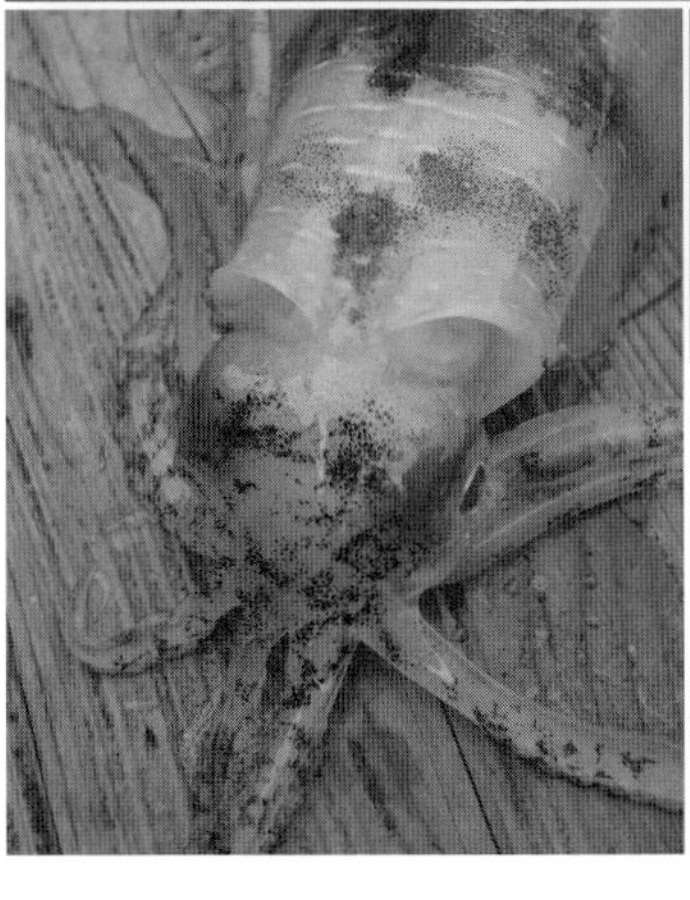

重見シェフの定番は野菜たっぷり豆板醤炒め。一旦冷凍したアオリをさばいて身とゲソを利用。油、辛味との相性がよいのでこれは美味しい。刺身が定番だが大型は身が硬いので炒めたり揚げたり、しゃぶしゃぶにして食べると気にならない

判なのが「しゃぶしゃぶ」だ。薄く切ったアオリイカの身を普通に鍋でしゃぶしゃぶして食すだけだが、ポン酢やゴマだれではなく、卵黄を溶いた天つゆで食べるのが重見流。熱を加えたアオリイカの身がさらに甘く感じられるのだ。特に歯ごたえがありすぎて身が硬い大型アオリイカに向いており、薄く切った身でしゃぶしゃぶをすれば、ずいぶん食べやすくなる。薄皮が残っていても気にならない。ただしゲソはNGだ。

と付き合うために思うこと」

エギング人口の増加にともなって釣果の分け前が減っているだけでなく、アングラーのマナー向上に努めないとエギングの未来は明るくない。漁港や路上などで迷惑駐車をしないことはもちろん、自分が出したゴミは必ず持ち帰り、釣り場で出会った地元の人にも挨拶を欠かさないようにしたいものだ。

僕は釣ったイカを食べてこそ、誰かに食べてもらってこその釣りだと思っているので、食べる気がまるでなくリリース前提なら釣りをするな！　と言いたい。釣る楽しみだけで逃がすなら、そんな釣りはやめてほしいのだ。餌木に掛かって陸上に引き上げたイカは高い確率で死んでしまう。大型ならいで小型が釣れてしまうのはしかたがない。その場合も必ず食べたい、誰かに食べてもらいたいと思うのだ。

大きな餌木を使えば大きなイカが釣れる、小さい餌木を投げれば小さいイカが釣れてしまう。僕が大きな餌木にこだわるのは、そんな理由もあるからだ。要は食べられる分だけ釣って帰ればよい。それが釣り人のモラルだし、エギングの未来につながると思っている。

重見典宏

「これからも楽しくエギング